KLEINE BETTLEKTÜRE
FÜR
LEIDENSCHAFTLICHE
TEETRINKER

Kleine
Bettlektüre
für
leidenschaftliche
Teetrinker

Scherz

AUSGEWÄHLT VON
HELENE DAPHINOFF

Scherz Verlag, Bern München Wien

INHALT

WILHELM BUSCH

So war's

Der Teetopf war so wunderschön,
Sie liebt ihn wie ihr Leben.
Sie hat ihm leider aus Versehn
Den Todesstoß gegeben.

Was sie für Kummer da empfand,
Nie wird sie es vergessen.
Sie hielt die Scherben aneinand
Und sprach: So hat's gesessen!

HANS LEIP

Teelegenden

Der Kaiser Shen Nung, der schon fast dreitausend
Jahre vor Christo sein Trinkwasser nur abgekocht
genoß und solches allgemein empfahl, war ein
Freund sonst der unverbildeten Natur und erfreu-
te sich oft an einem Picknick im Freien. Eines Tages lagerte man im Schatten eines schönen dichten,
kleinblättrigen Strauches, von dem die Diener

auch kurzerhand die Feuerung für den Kessel nahmen. Als das Wasser nun brodelte, hob die Hitze einen Schwung gedörrter Blättlein von den teils noch grün gewesenen prasselnden Zweigen und warf sie in den offenen Kessel. Die siedende Flut färbte sich alsbald golden, und ein sanftes Aroma strömte in die Runde. Der Kaiser kostete, erkannte, wie bedeutend dieser Zufall sei, und nannte das entstandene neue Getränk T'sa, was nach Ansicht einiger Sinologen das Göttliche bedeutet, nach Meinung anderer das Leuchtende oder Erleuchtende. Kalte Gehirnler vermuten einzig den Namen eines Ortes darin. Alles in allem ist es ein und dasselbe und bleibt letzten Endes gebührend geheimnisvoll.

Auch Indien hat seine Legende von der Herkunft des Teegenusses. Der Fakir Dharma gelobte, sieben Jahre ohne Schlaf sich der Versenkung in die Allgegenwärtigkeit Buddhas zu widmen. Schon hatte er es heroisch bis ins fünfte Jahr geschafft. Da auf einmal bedrohte ihn eine übermenschliche Müdigkeit. Wie ein Ertrinkender griff er nach den Zweigen des Strauches, unter dem er hingesunken war; einige Blätter blieben in seiner Hand, er schob sie in den Mund, sich durch Kauen wachzuhalten, und siehe da, seine Schwachheit verflog, und weiterkauend von dem Wunderstrauch, vermochte er sein Vorhaben zu vollenden.

Japan übernahm geschickt, wie heute manch anderes auswärtige Erzeugnis, auch die buddhistische Legende, doch war man begabt genug, sie sich abzuwandeln. Merkwürdig ist, daß die japanischen Schriftzeichen für Tee und Augenlid sich gleichen. Ist damit das Wachhalten symbolisiert und entstand die seltsam grausliche Fassung der Legende daraus wie die Handlung aus einem Stichwort? Der Franzose Edmond Goncourt schreibt in seinem berühmten Tagebuch an einem trüben Apriltag 1892 diese Teelegende auf, obwohl er selber – wie Balzac und Voltaire – dem gröberen Kaffeeverbrauch huldigte: Dharma, ein im Geruch der Heiligkeit stehender Büßer, hatte sich den Schlaf als ein allzu menschliches Bedürfnis untersagt. Trotzdem schlief er eines Nachts ein und erwachte erst am Morgen. Erbost über sein Versagen, schnitt er sich die Augenlider ab und warf sie von sich als die schuldigen Vertreter gemeiner Körperlichkeit, die ihn auf dem Wege zur Vollendung behindert hatten. Kaum hatten die blutigen Augendeckel den Boden berührt, faßten sie Wurzel. Ein Baum sproß daraus hervor. Nachbarn und Verehrer kamen, sammelten die Blätter und bereiteten einen Trank daraus, um der heiligen Schlafvertreibung ein wenig teilhaftig zu werden, und siehe da, das Mittel erwies sich als wirksam und war zudem von köstlichem Duft und Geschmack.

Nach dem Dreißigjährigen Krieg ergab die wilde Aufteilung der Welt durch die beiden damaligen europäischen Großmächte Frankreich und England, daß die französischen Siedler in Klimata gerieten, die den Kaffeeplantagen günstig waren, indes die Engländer, wenn auch nicht sofort, sich den Teegärten widmen konnten. Vorerst aber noch kam der Tee aus China und Japan, und so gibt es vor Ludwig XIV. auch in Frankreich erklärte Teeliebhaber. Da war der feinfühlige Tragödiendichter Racine. Um die Vierzig hatte er die Theaterskandale satt, zog sich aufs Land zurück und konnte seinen geliebten Tee noch zwanzig Jahre in friedlichem Familienkreise schlürfen. Gleich ihm hatte der Nachfolger Richelieus, der gewitzte, spürnervige Kardinal Mazarin, den Tee gern. Man rühmt die florettschlanke Findigkeit seiner Diplomatie.

In Britannien zählt man ungleich versessenere Teetrinker. Herzog Wellington, der Sieger über Napoleon Bonaparte bei Austerlitz, schreibt seinen Erfolg nicht wenig dem Tee zu, der ihm, wie er bekannte, den Kopf klar hielt und ihn vor waghalsigen Irrtümern bewahrte. Auch der liberale und umfassend gebildete Staatsmann William Ewart Gladstone, dieser humane Vorkämpfer für ein befriedetes Europa und die Selbständigkeit Irlands, war ein erlesener Teekonsument, und nicht nur, weil sein Vater sich hervorragend im Teehandel betätigt hatte. Von ihm stammt eine nüchtern umfassende Hymne auf den Tee. Sie lautet:

> Ist dir kalt, wärmt dich der Tee,
> ist dir zu heiß, wird Tee dich erfrischen,
> bist du niedergedrückt, Tee wird dich ermuntern,
> bist du erregt, Tee wird dich beruhigen.

In dieser Erkenntnis wurde er fast so alt wie Churchill. Man erzählte, er fülle sogar seine Wärmflasche mit Tee, um nachts gelegentlich daraus zu nippen und das Nützliche mit dem Angenehmen zu verbinden, wie Politiker es jederzeit tun sollten.

Der Hannoveraner Kurfürst Georg Ludwig, dem 1714 die englische Königskrone zufiel, schloß sich mitsamt seinen Mätressen der britischen Teefreude an, was dem Teeverbrauch weiterhin zugute kam, so daß fast alle Londoner Kaffeehäuser zu Teestuben wurden. Sein Sohn, der Stifter der Göttinger Universität, war berühmt als Sammler fernöstlichen Teegeschirrs, schien aber im übrigen mehr den Spirituosen hold. Unter den Monarchen Mitte des 20. Jahrhunderts ist der herrlich uralte Schwedenkönig Gustav VI. als absoluter Abstinent und Teetrinker zu erwähnen. Er liebte etwas Zitrone zu dem sehr milden Aufguß.

Einer seiner Vorgänger hatte einen Verbrecher, der ihm zu jung für den Strang deuchte, zu täglich achtzig Tassen Tee verurteilen lassen, um die von gewissen Ärzten behauptete Giftigkeit des «Drachensaftes» zu erproben. Der Mann überlebte seinen Landesherrn und die Mediziner und starb geruhsam mit dreiundachtzig Jahren.

Unter den amerikanischen Präsidenten wird Lincoln, Theodor Roosevelt, Herbert Hoover und auch John Kennedy eine bedeutende Vorliebe für den Tee nachgesagt. In Deutschland gehörte Adenauer zu den Männern, die dem Tee anscheinend viel verdankten.

In neuerer Zeit war auch der Kriminalschriftsteller Wallace einer der berühmtesten Teetrinker. Wie zweihundert Jahre zuvor sein Kollege Samuel Johnson durfte er behaupten: «Ich bin ein hartgesottener und unverschämter Teevertilger, dessen Kessel keine Zeit findet, kalt zu werden, der sich mit Tee den Abend vergnügt, sich zur Mitternacht damit erquickt und mit ihm den Morgen begrüßt.» Wallace war einer der flinksten Verfasser. Pro Roman verbrauchte er rund hundert Tassen Tee und nahm seine elegante silberne Teemaschine mit, wenn er sein lordmäßig eingerichtetes Domizil verließ, um auf Reisen neuen Stoff zu sammeln. Als ein ungeduldiger Verleger telefonisch anfragte, wann das neue Manuskript fertig sei, antwortete er gelassen: «Die Entlarvung, schätze ich, kommt diesmal schon bei der fünfzigsten Tasse; ich bin aber erst bei der zwölften.»

Teekränzchen

Um 1780 in den glitzernden Strömungen der Vorrevolution neigt die bürgerliche Gesellschaft Europas zu Zirkeln des Gedanken- und Nachrichtenaustausches; es wurde modern, zum Tee zu bitten. Den Kaffeehäusern erwuchs ein starker Wettbewerb durch nachmittägliche Teekränzchen, zumal dort, wo Damen aus dem hergebrachten Hausgefängnis sich zu Umgang und Bildung drängten. Sheridan in seiner «Lästerschule» behauptet, der gesellschaftliche Verkehr sei einzig auf Klatsch und starken Tee gerichtet.

Auf dem Kontinent hoben sich die Teenachmittage mitteilsamer Damen gelegentlich nicht ohne höheren Anspruch zu literarischen Salons, zumal in Berlin und den rheinischen Großstädten. Dort wurde über Goethes soeben erschienenen Roman «Wilhelm Meisters theatralische Sendung» geplaudert, über Schillers Wagestück «Die Räuber», über Lessings bedrängend weisen «Nathan». Man empfand es als Zumutung, man fühlte sich angegriffen durch das, was wir heute historisch einordnen. Tee und Teegebäck wirkten angenehm beruhigend. In den Hansestädten ließ man sich mehr die Alltagssorgen mit dem anmutigen Duft verflüchtigen, und selbst wenn Klopstock oder Claudius zugegen waren, widmete man sich selten dem schwierigen Gefilde der Dichtung, sondern beleuchtete sachlich die dunklen Gerüchte aus Wirtschaft und Politik, versuchte auch, Forsters Weltreise für die heimischen Belange durchzusieben. Bis heute ist zu Hamburg der Seufzer: Scheun Tass Tee! mit bedächtig gerunzelten Brauen und kritischem Kopfschütteln verbunden.

Ein sächsischer Beobachter bemerkte, die auffallende Blässe des Hamburger Frauenzimmers rühre vom eifrigen Teegenuß her, den es nicht nur sehr heiß, sondern auch sehr stark bevorzuge. Heute ist der Tee bekömmlicher, da die «interessante Blässe» nur noch gelegentlich Mischlingen erstrebenswert scheint.

In Weimar entzog sich selbst Goethe nicht der Mode und richtete also ein Teekränzchen ein, dem Geschmack der Gäste sich beugend, trank für sein Teil aber keinen Tee, sondern einen leichten Wein und aß statt des süßen Teekuchens lieber ein Franzbrot dazu. Und bei Schiller, der den Tee liebte, mischte er sich eigenhändig einen Punsch.

Ein Mord mag verziehen werden, Unhöflichkeit beim Tee nie.

Chinesisches Sprichwort

HEINRICH HEINE

Sie saßen und tranken am Teetisch,
Und sprachen von Liebe viel.
Die Herren, die waren ästhetisch,
Die Damen von zartem Gefühl.

«Die Liebe muß sein platonisch»,
Der dürre Hofrat sprach.
Die Hofrätin lächelt ironisch,
Und dennoch seufzet sie: «Ach!»

Der Domherr öffnet den Mund weit:
«Die Liebe sei nicht zu roh,
Sie schadet sonst der Gesundheit.»
Das Fräulein lispelt: «Wieso?»

Die Gräfin spricht wehmütig:
«Die Liebe ist eine Passion!»
Und präsentieret gütig
Die Tasse dem Herren Baron.

Am Tische war noch ein Plätzchen
Mein Liebchen, da hast du gefehlt.
Du hättest so hübsch, mein Schätzchen,
Von deiner Liebe erzählt.

KATHERINE MANSFIELD

Eine Tasse Tee

Rosemary Fell war nicht gerade schön. Nein, schön hätte man sie nicht nennen können. Etwa hübsch? Na ja, vielleicht, wenn man sie Stück für Stück nahm ... Aber warum grausam sein und jemanden so zerstückeln? Sie war jung, lebendig, äußerst modern, ausgesucht geschmackvoll angezogen und verblüffend belesen in den neuesten Neuerscheinungen – und ihre Gesellschaften waren die köstlichste Mischung aus wirklich wichtigen Leuten und ... Künstlern, wunderlichen Geschöpfen, die sie entdeckt hatte, manche von ihnen unvorstellbar gräßlich, andere jedoch ganz annehmbar und ergötzlich.

Rosemary war seit zwei Jahren verheiratet und hatte einen wonnigen Jungen. Peter – nein. Peter hieß er nicht. Michael! Und ihr Mann vergötterte sie geradezu. Sie waren reich, wirklich reich, nicht bloß wohlhabend – das hatte was Widerliches, Muffiges und klang nach Großeltern. Wenn Rosemary sich etwas kaufen wollte, fuhr sie nach Paris, wie unsereiner in die Bond Street geht. Wenn sie Blumen brauchte, hielt ihr Auto vor dem hinreißenden Geschäft in der Regent Street, und auf ihre verwirrte, etwas exzentrische Art schaute sie sich um und sagte: «Ich möchte diese und diese und diese. Geben Sie mir vier Sträuße von denen. Und das Glas mit den Rosen. Ja, ich nehme alle Rosen, die im Glas sind. Nein, keinen Flieder. Flieder kann ich nicht ausstehen. Er ist so ohne Form!» Der Verkäufer verneigte sich und stellte den Flieder außer Sicht, als wäre es nur zu wahr: Flieder hatte wirklich keine Form! «Geben Sie mir die stämmigen kleinen Tülpchen – ja, die roten mit weiß.» Und zum Wagen folgte ihr ein mageres Ladenmädchen, das unter einer riesigen Last einherschwankte: einen ganzen Arm voll weißen Papiers, wie ein Baby in einem Tragekleid ...

Eines Winternachmittags hatte sie etwas in einem kleinen Antiquitätenladen in der Curzon Street gekauft. Sie hatte eine Vorliebe für das Geschäft. Erstens war man meistens allein und ungestört, und dann war der Eigentümer einfach lächerlich beglückt, wenn er sie bedienen durfte. Er strahlte, sowie sie ins Geschäft trat. Er umklammerte seine Hände; er fühlte sich so geehrt, daß er kaum sprechen konnte. Schmeichelei natürlich. Immerhin, es hatte was ...

«Bedenken Sie, Madam», pflegte er ihr mit leiser, ehrerbietiger Stimme zu erklären, «daß ich meine Sachen liebe! Ich möchte mich lieber nicht von ihnen trennen, als sie jemand verkaufen, der sie nicht zu würdigen versteht, der nicht das feine Verständnis hat, das so selten ist ...» Und mit einem tiefen Seufzer rollte er ein kleines, blaues Samtviereck auseinander und drückte es mit seinen bleichen Fingerspitzen auf die Glasplatte der Theke.

Heute war es eine kleine Dose. Er hatte sie für sie zurückgelegt; er hatte sie bis jetzt noch niemandem gezeigt. Eine kostbare kleine Emaildose mit einem so wunderfeinen Schmelz, daß sie aussah wie in Sahne gebrannt. Auf dem Deckel stand ein winzig kleines Wesen unter einem Blütenbaum, und ein noch winzigeres Wesen hatte dem andern die Arme um den Hals geschlungen. Ihr Hut war nicht größer als ein Geranienblütenblatt und hing mit seinen grünen Bändern an einem Zweig. Eine rosa Wolke schwebte wie ein wachsamer Cherub über ihren Köpfen. Rosemary streifte ihre langen Handschuhe von den Händen. Sie zog immer die Handschuhe aus, um solche Dinge zu betrachten. Ja, die Dose gefiel ihr sehr. Sie fand sie bezaubernd – einfach süß! Sie mußte sie haben! Und während sie die sahnefarbene Dose hin und her drehte und öffnete und schloß, mußte es ihr unweigerlich auffallen, wie reizend sich ihre Hände von dem blauen Samt abhoben. Vielleicht wagte der Ladenbesitzer in einem versteckten Winkel seines Gehirns dasselbe zu denken. Jedenfalls nahm er einen Bleistift und beugte sich über die Theke, und schüchtern krochen seine blassen, blutleeren Finger auf ihre rosigen, leuchtenden zu, während er sanft murmelte: «Darf ich mir erlauben, Madam, auf die Blumen am Mieder der kleinen Dame hinzuweisen?»

«Bezaubernd!»

Rosemary bewunderte die Blumen. Aber was sollte die Dose kosten? Einen Augenblick schien der Ladenbesitzer sie nicht gehört zu haben. Dann hörte sie ihn flüstern: «Achtundzwanzig Guineen, Madam.»

«Achtundzwanzig Guineen.» Rosemary ließ sich nichts anmerken. Sie legte die kleine Dose hin; sie knöpfte ihre Handschuhe zu. Achtundzwanzig Guineen. Selbst wenn man reich ist... Sie sah unschlüssig aus. Sie blickte auf einen plumpen Teekessel, der wie ein aufgeplustertes Huhn über dem Kopf des Ladenbesitzers zu schweben schien, und ihre Stimme klang verträumt, als sie antwortete: «Dann legen Sie sie bitte für mich zurück, ja? Ich werde...»

Aber der Ladenbesitzer hatte sich schon so tief verneigt, als könne sich niemand auf der Welt etwas Besseres wünschen, wenn er diese Dose für sie zurücklegen durfte. Er war gern bereit, sie auf ewige Zeiten für sie zurückzulegen, selbstverständlich!

Die Ladentür war leise und taktvoll hinter ihr zugeschnappt. Sie stand draußen auf der obersten Stufe und blickte in den Winterabend. Es regnete, und mit dem Regen schien auch die Dunkelheit niederzusinken, in sanftem Geriesel, wie Asche. Ein herber, kühler Hauch hing in der Luft, und die jetzt aufflammenden Lampen sahen trübselig aus. Trübselig sahen auch die Lichter in den gegenüberliegenden Häusern aus. Sie brannten matt, als bedauerten sie etwas. Und die Menschen hasteten vorbei, unter häßlichen Schirmen verborgen. Rosemary spürte plötzlich ein dumpfes Angstgefühl. Sie drückte den Muff an die Brust; sie wünschte, sie hätte auch die kleine Dose, um sich an sie zu klammern. Natürlich war der Wagen da; sie brauchte nur den Bürgersteig zu überqueren. Aber sie wartete immer noch. Es gibt Augenblicke im Leben, abscheuliche Augenblicke, wenn man aus einem Unterschlupf hervortritt und um sich blickt, und alles ist schrecklich. Dann sollte man nicht nachgeben! Man sollte nach Hause gehen und sich einen besonders guten Tee leisten. Doch im Augenblick, als Rosemary etwas dergleichen dachte, stand ein junges Mädchen – ein dunkler, abgemagerter Schatten – wo war sie nur hergekommen? – plötzlich neben ihr, und eine Stimme wie ein Seufzer, fast wie ein Aufschluchzen, hauchte leise: «Madam, darf ich Sie etwas fragen?»

«Mich etwas fragen?» Rosemary wandte sich zu ihr um. Sie sah ein abgezehrtes kleines Wesen mit sehr großen Augen, eine sehr junge Person, nicht älter, als sie selbst war, die mit verfrorenen Händen an ihren Mantelkragen griff und zitterte, als wäre sie gerade eben aus dem Wasser gezogen worden.

«Madam», stammelte die Stimme, «würden Sie mir Geld für eine Tasse Tee geben?»

«Eine Tasse Tee?» Etwas Einfaches, Aufrichtiges sprach aus der Stimme; es war keinesfalls die Stimme einer Bettlerin.

«Haben Sie überhaupt kein Geld?» fragte Rosemary.

«Nein, Madam!» kam die geflüsterte Antwort.

«Wie seltsam!» Rosemary spähte durch das Dämmerdunkel, und das Mädchen sah zu ihr auf. Wie außerordentlich seltsam! Und auf einmal kam es Rosemary wie ein richtiges Erlebnis vor. Wie etwas aus einem Roman von Dostojewski, diese Begegnung in der Dämmerung! Wenn sie nun das Mädchen mit nach Hause nähme? Wenn sie sich auf etwas einließe, was man sonst nur in Büchern liest oder auf der Bühne sieht? Was würde dann geschehen? Es wäre furchtbar interessant. Und sie hörte sich hinterher zum Erstaunen ihrer Freundinnen sagen: «Ich habe sie einfach mit nach Hause genommen!», während sie bereits auf den Bürgersteig trat und zu der Schattengestalt sagte: «Kommen Sie zum Tee zu mir nach Hause!»

Das Mädchen wich entsetzt zurück. Für einen kurzen Augenblick hörte sie sogar auf zu zittern. Rosemary streckte die Hand aus und legte sie ihr auf den Arm. «Ich möchte es», sagte sie lächelnd.

Und sie spürte, wie einfach und gütig ihr Lächeln war. «Warum wollen Sie nicht? Kommen Sie jetzt mit mir in meinem Wagen nach Hause, und wir trinken Tee!»

«Das – kann doch nicht Ihr Ernst sein, Madam?» fragte das Mädchen. Ihre Stimme klang bekümmert.

«Doch, wirklich», rief Rosemary. «Ich möchte es gern. Sie machen mir eine Freude damit. Kommen Sie!»

Das Mädchen preßte die Hand auf den Mund, und ihre Augen verschlangen Rosemary. «Sie – Sie wollen mich nicht auf die Polizeiwache bringen?» stammelte sie.

«Die Polizeiwache?» Rosemary lachte laut heraus. «Warum sollte ich so grausam sein? Nein, ich möchte nur, daß Sie sich etwas aufwärmen, und dann, wenn Sie mögen, erzählen Sie mir von sich.»

Hungernde Menschen sind leicht zu überzeugen. Der Fahrer öffnete die Wagentür, und einen Augenblick drauf glitten sie durch die Dämmerung.

«So!» sagte Rosemary, nicht ohne ein Triumphgefühl, und hielt sich mit der Hand am Griff. Sie hätte bald gesagt: ‹Jetzt habe ich dich!›, als sie auf die kleine Gefangene blickte, die sie im Netz hatte. Aber sie meinte es natürlich gut, oh, mehr als gut! Sie wollte dem Mädchen beweisen, daß – im Leben wunderbare Dinge sich ereignen, daß – es wirklich gütige Feen gab, daß – reiche Leute ein Herz haben und daß – alle Frauen Schwestern waren. Lebhaft wandte sie sich an das Mädchen: «Sie müssen keine Angst haben! Warum sollten Sie nicht mit mir nach Hause kommen? Wir sind doch beide Frauen. Wenn ich die Glücklichere bin, sollten Sie erwarten...»

Zum Glück – denn sie wußte nicht, wie sie den Satz beenden wollte – hielt der Wagen gerade. Es wurde auf die Klingel gedrückt, die Haustür ging auf, und mit einer reizend beschützerischen Gebärde, fast mit einer Umarmung, zog Rosemary die andere in die Halle. Wärme, Behaglichkeit, Licht, ein angenehmer Duft – lauter Dinge, die ihr so vertraut waren, daß sie ihr nie bewußt wurden, nahm die andere jetzt in sich auf, und sie sah ihr zu. Es war wie in der Geschichte vom reichen kleinen Mädchen im Spielzimmer, und alle Schubladen mußten noch geöffnet, alle Schachteln mußten noch ausgepackt werden.

«Kommen Sie mit hinauf!» bat Rosemary, die darauf brannte, sich freigebig zu erweisen. «Kommen Sie mit in mein Zimmer!» Übrigens wollte sie es dem armen kleinen Ding auch ersparen, daß sie von den Dienstboten angegafft würde. Sie beschloß, während sie die Treppe hinaufstiegen, daß sie auf Jeanne verzichten und ihren Mantel allein ablegen würde. Es war so wichtig, ganz natürlich zu sein!

«So!» rief Rosemary wieder, als sie in ihr schönes, großes Schlafzimmer kamen, wo die Vorhänge zugezogen waren und der Flammenschein über ihre wundervollen Lackmöbel und ihre goldenen Kissen und die primelgelben und blauen Teppiche spielte.

Die Fremde stand noch wie angewurzelt an der Tür; sie schien ganz benommen zu sein. Aber das verstand Rosemary.

«Kommen Sie her und setzen Sie sich!» rief sie und zog ihren großen Sessel nah ans Feuer. «Setzen Sie sich in den bequemen Stuhl und wärmen Sie sich. Sie sehen furchtbar verfroren aus!»

«Ich trau' mich nicht, Madam», sagte das Mädchen und wich zurück.

«Aber bitte!» Rosemary lief zu ihr. «Sie müssen sich doch nicht fürchten, wirklich nicht! Setzen Sie sich, und wenn ich meine Sachen abgelegt habe, gehen wir ins Nebenzimmer und trinken Tee und haben es gemütlich. Warum haben Sie Angst?»

Und mit sanfter Gewalt drückte sie das abgemagerte Mädchen in den weichen Sessel.

Aber sie erhielt keine Antwort. Das Mädchen blieb in der gleichen Stellung, in der sie hingesetzt worden war, mit schlaffen Händen, den Mund leicht geöffnet. Sie sah beinah ein bißchen dumm aus, um ganz ehrlich zu sein. Aber das wollte Rosemary doch nicht zugeben. Sie beugte sich über sie und fragte: «Wollen Sie nicht den Hut abnehmen? Ihr schönes Haar ist ganz feucht. Und ohne Hut fühlt man sich viel wohler, nicht?»

Ihr Flüstern klang wie: «Danke, Madam!», und der zerdrückte Hut wurde abgenommen.

«Und lassen Sie sich auch helfen, den Mantel auszuziehen!» Das Mädchen stand auf. Aber mit der einen Hand hielt sie sich am Sessel fest und ließ Rosemary ziehen. Es war richtig anstrengend. Die andre half kaum einmal. Sie schien wie ein Kind zu taumeln, und Rosemary dachte, wenn Leute Hilfe verlangen, sollten sie eigentlich mithelfen, nur ein wenig, sonst würde es sehr schwierig. Und was sollte sie jetzt mit dem Mantel anfangen? Sie ließ ihn auf dem Fußboden liegen, den Hut auch. Gerade wollte sie sich eine Zigarette vom Kaminsims nehmen, da sagte das Mädchen hastig, aber mit heller, seltsamer Stimme: «Verzeihung, Madam, aber ich werde ohnmächtig! Ich falle um, wenn ich nichts bekomme!»

«Lieber Himmel, wie gedankenlos von mir!»
Rosemary stürzte zur Klingel.

«Tee! Sofort Tee! Und vorher einen Kognak!»

Die Zofe ging hinaus, das Mädchen aber schrie beinah: «Nein, keinen Kognak! Ich trinke nie Kognak! Wenn ich nur eine Tasse Tee haben könnte, Madam!» Und sie brach in Tränen aus.

Es war ein schrecklicher, hochinteressanter Augenblick. Rosemary kniete neben dem Sessel.

«Weinen Sie nicht, armes Kind!» sagte sie. «Weinen Sie nicht!» Und sie gab der andern ihr Spitzentaschentuch. Sie war wirklich gerührt, mehr als Worte es ausdrücken konnten. Sie legte ihren Arm um die schmalen, knochigen Vogelschultern.

Endlich vergaß die andre ihre Scheu, vergaß alles, außer, daß sie beide Frauen waren, und stieß keuchend hervor: «Ich kann nicht mehr weiter! Ich halt's nicht mehr aus! Ich halt's nicht mehr aus! Ich bringe mich um! Ich kann's nicht mehr aushalten!»

«Das sollen Sie ja auch nicht! Ich kümmere mich um Sie! Weinen Sie nicht mehr! Sehen Sie, wie gut es war, daß Sie mich getroffen haben? Jetzt trinken wir Tee, und Sie erzählen mir alles. Und ich unternehme etwas für Sie. Ich verspreche es Ihnen. Hören Sie bloß auf zu weinen! Es nimmt einen so mit! Bitte!»

Die andre hörte gerade rechtzeitig auf, daß Rosemary sich erheben konnte, ehe der Tee kam. Sie ließ ein Tischchen zwischen sich und die andre stellen und versorgte das arme Ding mit allem, was da war, mit all den Sandwiches und den Butterbroten, und jedesmal, wenn die Tasse leer war, füllte sie Tee und Sahne und Zucker nach. Es hieß ja immer, Zucker sei so nahrhaft. Sie selbst aß nichts. Sie rauchte und schaute taktvoll beiseite, damit es der andern nicht peinlich war.

Die Wirkung, die die kleine Mahlzeit hervorrief, war tatsächlich wunderbar. Als der Teetisch weggeräumt worden war, lehnte ein neues Wesen, ein zartes, zerbrechliches Geschöpf mit Wuschelkopf und roten Lippen und tiefen, strahlenden Augen, lieblich hingegossen in dem großen Sessel und träumte ins Feuer. Rosemary zündete sich eine neue Zigarette an; es war an der Zeit, mit dem Erzählen zu beginnen. «Es ist wohl schon lange her, seit Sie etwas gegessen hatten?» fragte Rosemary weich.

Doch im nämlichen Augenblick wurde die Türklinke heruntergedrückt.

«Rosemary – ist's erlaubt?» Es war Philip.

«Natürlich!»

Er kam ins Zimmer. «Oh, Verzeihung!» rief er und blieb erstaunt stehen.

«Komm nur», sagte Rosemary lächelnd. «Das ist meine Freundin, Miß . . .»

«Smith, Madam», kam es von der lässig Dasitzenden, die merkwürdig ruhig und gar nicht mehr furchtsam schien. «Ja, Miß Smith», wiederholte Rosemary. «Wir haben eine kleine Besprechung.»

«Ah – so», sagte Philip. «Fein!», und sein Blick fiel auf den Fußboden, wo Hut und Mantel lagen. Er ging zum Kamin, mit dem Rücken zum Feuer. «Widerliches Wetter heute», sagte er und schaute neugierig auf die stille Unbekannte, auf ihre Hände und Schuhe, und dann wieder auf Rosemary.

«Ja, nicht wahr?» rief Rosemary begeistert. «Einfach scheußlich.»

Philip setzte sein bezauberndes Lächeln auf. «Eigentlich hatte ich dich bitten wollen, einen Augenblick in die Bibliothek zu kommen. Geht das? Würde Miß Smith uns entschuldigen?»

Die großen Augen blickten zu ihm auf, doch an Stelle der Unbekannten antwortete Rosemary: «Sicher tut sie das!», und folgte Philip aus dem Zimmer.

«Na, so etwas», sagte Philip, als sie allein waren. «Erklär's mir! Wer ist sie? Was soll das alles bedeuten?»

Rosemary lachte, lehnte sich an die Tür und sagte: «Ich habe sie in der Curzon Street gefunden. Tatsächlich: sie ist ein richtiger Fund! Sie hat mich um Geld für eine Tasse Tee gebeten, und da hab' ich sie mit nach Hause genommen.»

«Aber was willst du denn um Himmels willen mit ihr anfangen?» rief Philip.

«Nett zu ihr sein», sagte Rosemary rasch. «Furchtbar nett! Mich um sie kümmern. Ich weiß noch nicht, wie. Wir haben noch nicht darüber gesprochen. Aber ich will ihr beweisen . . . will sie so behandeln . . . ihr das Gefühl geben, daß . . .»

«Mein liebes Kind», warf Philip ein, «du bist völlig verrückt, wie mir scheint. So etwas kann man einfach nicht tun.»

«Ich wußte schon, daß du das sagen würdest»,

entgegnete Rosemary. «Warum denn nicht? Ich möchte gern. Ist das nicht ein Grund? Und übrigens liest man dauernd über derartige Vorkommnisse. Ich habe mir vorgenommen ...»

«Außerdem», sagte Philip langsam und schnitt die Spitze seiner Zigarre ab, «ist sie erstaunlich hübsch.»

«Hübsch?»

Rosemary war so überrascht, daß sie rot wurde.

«Findest du? Das – ist mir noch gar nicht aufgefallen.»

«Lieber Himmel!» Philip zündete ein Streichholz an. «Sie ist einfach entzückend! Schau richtig hin, mein Kind! Ich war ganz platt, als ich ins Zimmer kam. Trotzdem ... glaube ich, daß du einen schlimmen Fehler begehst. Tut mir leid, Kind, wenn ich es so geradeheraus sage. Aber falls Miß Smith mit uns zu Abend ißt, gib mir vorher Bescheid, damit ich mich in der Modistinnenzeitung orientieren kann!»

«Das finde ich lächerlich!» erwiderte Rosemary und verließ die Bibliothek. Sie ging aber nicht in ihr Schlafzimmer zurück, sondern zuerst in ihr Schreibkabinett. Dort setzte sie sich vor den Schreibtisch. Hübsch! Einfach entzückend! Ich war ganz platt! Ihr Herz schlug wie eine dumpfe Glocke. Hübsch! Entzückend! Sie holte ihr Scheckbuch hervor. Aber nein, ein Scheck war natürlich zwecklos. Sie öffnete ein Schubfach und nahm fünf einzelne Pfundnoten heraus, betrachtete sie, legte zwei wieder zurück und ging, die drei andern zusammengefaltet in der Hand, in ihr Schlafzimmer. Als sie nach einer halben Stunde in die Bibliothek schaute, saß Philip noch dort.

«Ich wollte dir nur sagen», erklärte sie, wieder an die Tür gelehnt, und sah ihn mit ihrem verwirrten, etwas exzentrischen Ausdruck an, «daß Miß Smith heute nicht mit uns zu Abend ißt.»

Philip ließ seine Zeitung sinken. «Oh, was ist passiert? Hat sie bereits eine andere Einladung?»

Rosemary ging zu ihm und setzte sich ihm aufs Knie. «Sie wollte durchaus gehen», sagte sie, «deshalb habe ich dem armen kleinen Ding etwas Geld geschenkt. Ich konnte sie nicht gut gegen ihren Willen hierbehalten, nicht wahr?» flötete sie sanft.

Rosemary hatte sich gerade frisch frisiert, die Lidränder nachgezogen und ihre Perlen angelegt. Sie hob die Hände und berührte Philips Wangen.

«Liebst du mich?» fragte sie. Ihr zärtlicher, etwas belegter Ton verwirrte ihn.

«Ganz schrecklich», sagte er und zog sie fester an sich. «Küß mich!»

Sie schwiegen. Dann sagte Rosemary träumerisch: «Ich habe heute eine phantastische kleine Dose gesehen. Sie kostet achtundzwanzig Guineen. Darf ich sie haben?»

«Du darfst, kleine Verschwenderin», erwiderte Philip und schaukelte sie auf seinen Knien.

Aber das hatte sie im Grunde nicht fragen wollen.

«Philip», flüsterte sie und drückte seinen Kopf an ihren Busen, «bin ich *hübsch*?»

Der Vorstoß des Tees

Die Geschichte vom Tee ist ebenso dramatisch in ihrem Verlauf wie geheimnisvoll in ihrem Ursprung. Es gibt wohl nichts aus der Welt der Pflanzen, dessen Einfluß auf das gesellschaftliche Leben mächtiger wäre als der Tee. Die Geschichte seiner Entdeckung verliert sich in der Dunkelheit der Jahrhunderte, um als Legende von Generation zu Generation überliefert zu werden.

Tee, in China einst als Heilmittel erkannt und gebraucht, wandelte sich im Lauf der Zeit zum beliebtesten Getränk. Er befruchtete die Dichtung, die Malerei, die Keramik, er beeinflußte die Sitten und schuf neue Kulturen. In Japan wurde die Teezeremonie zum religiösen Kult. In China schrieb der Dichter und Sänger Lu-Yu um das Jahr 780 die «Heilige Schrift vom Tee». Kaiser versäumten ihre Staatsgeschäfte, um in Besitz kostbarer Teerezepte zu gelangen. Die Schale Tee, die ein Kaiser 1760 vor den Toren Pekings dem siegreichen Feldherrn als Zeichen seiner Zufriedenheit reichte, bedeutete ein Geschenk von höchster Ehre. Die Pest in Japan, erzählt die Geschichte, wurde 951 mit Tee bekämpft, und der Teegenuß ist von Dichtern und Philosophen aller Zeiten besungen und gepriesen worden ...

Der Tee war in China lange vor unserer Zeitrechnung bekannt. Aber er war damals noch so bitter, daß das Getränk nur mit Orangen und Gewürzen zu genießen war, bis die Chinesen die Mittel fanden, die Teepflanze zu kultivieren und zu verfeinern. Im 8. Jahrhundert n. Chr. war der Tee in China bereits ein Volksgetränk. Aber noch während vielen hundert Jahren wußte die westliche Welt nichts von ihm. Wohl tauchten im 16. Jahrhundert n. Chr. Gerüchte über ein seltsames Gebräu aus dem Fernen Osten in Portugal und Holland auf, aber die Chinesen gaben ihr Geheimnis über das köstliche Getränk, das sie in ihren Gärten den fremden Reisenden als Erfrischung anboten, nicht preis. Nicht einmal die frühesten Handelspartner, die Araber und Türken, erfuhren vom Tee. Gewürze, Seide und andere Kostbarkeiten kamen aus China, aber kein Tee. Nach Japan wurde er zu Beginn des 8. Jahrhunderts durch einen buddhistischen Mönch verpflanzt und erlebte dort eine womöglich noch größere Verehrung.

Auch als der Handel zwischen Ost und West sich zu Wasser und zu Land vergrößerte, war der Tee nicht unter den fremdartigen Kostbarkeiten.

Als 1497 Vasco da Gama, der berühmte portugiesische Seefahrer, den Wasserweg nach Indien um das Kap der Guten Hoffnung entdeckte, die Engländer und Holländer in der Errichtung von Handelszentren den Portugiesen folgten, brachten ihre Kaufleute aus dem Fernen Osten unermeßliche Reichtümer nach Hause – aber darunter fehlte der Tee. Erst die Übersetzung von Lu-Yu's Werk über den Tee brachte die erste authentische Kunde und Aufklärung über die geheimnisvolle Pflanze.

Der erste Europäer, der den Tee in seinen Reiseberichten erwähnte, war Giambattista Ramusio, dessen Buch im Jahre 1559 in Venedig erschien. Aber erst 1610 soll, wie die Geschichte erzählt, eine Teesendung in Holland eingetroffen sein, die von den Holländern mit Begeisterung aufgenommen wurde. Die Kunde von dem neuen Getränk und seinem angenehmen Geschmack verbreitete sich rasch durch das Land.

England mußte noch länger auf den Tee warten. Und als Thomas Garraway 1657 in einem der berühmten Londoner Kaffeehäuser den Tee als erster anpries, war auf dem Anschlag zu lesen, er fördere die Verdauung, reinige das Blut, löse den Weinsteinstoff und helfe gegen das Podagra. Ja, seine balsamischen Teile, die in den Körper drängen, vertrieben alle Schärfe.

Aber nicht lange darauf, Ende des 17. Jahrhunderts, begann der Tee seinen Siegeszug in Europa. In Frankreich servierte ihn Mme. de la Sablière zum erstenmal mit Milch und Zucker, und in England wurde er hoffähig. In den Londoner Kaffeehäusern, den sogenannten «Penny-Universitäten» – 1 Penny kostete der Eintritt, 2 Penny das Getränk plus Licht, plus Zeitung – verdrängte er den Kaffee und den Kakao.

Aber wie alle guten Dinge fand er auch erbitterte Feinde. Von der Kanzel herunter predigte der berühmte John Wesley gegen dieses «volksverderbende Getränk», und Lord Forbes rief nach einem Gesetz, nach welchem das Teetrinken den Armen verboten und ein Privileg der Reichen bleiben sollte. Interessant war nur, daß Wesley einen ansehnlichen Teetopf hinterließ, so daß man von ihm wohl sagen konnte: «Er predigte Wasser und trank selber Tee.»

Trotz dieser Angriffe verbreitete sich die Teesitte immer mehr. Aristokraten, Arbeiter, Politiker, Dichter, alle tranken Tee, und sein berühmtester Anhänger, der Unmengen von diesem edlen Getränk zu sich nahm, Dr. Johnson, wurde beim Teetrinken gemalt und besungen. Er focht erbittert gegen die Widersacher, die Tee als ungesund erklären wollten, und sprach ebenso viel und gern, wie er Tee trank.

Da die Britisch-Ostindische Kompanie durch ihre Monopolstellung im Chinahandel die Preise hoch hielt, wurde der Teeschmuggel zu einer nationalen Heldentat in England. Über ein Jahrhundert hinaus dauerte der Kampf zwischen der Regierung und den Schmugglern, denen das ganze Volk half. In Kirchen und Schlössern, in Hütten und Ställen wurde die Schmuggelware, die die holländischen Schiffe brachten, verborgen, und der Tee kam zu einem für alle erschwinglichen Preis in jedes Haus und zu allen Volksschichten.

Eine nicht weniger dramatische Rolle spielte der Tee in der amerikanischen Geschichte zur Zeit des sogenannten Stamp Act (Besteuerung der von England importierten Gebrauchsgüter). Die von den Engländern erhobene Tee-Steuer erbitterte die Amerikaner derart, daß sie mit ein Grund war, den Ausbruch des Unabhängigkeitskrieges auszulösen. Als die ersten Schiffe mit dem besteuerten Tee in Boston einfuhren, wurde die Ausladung der Teekisten verboten, und romantische, kriegslustige junge Leute kletterten als Indianer verkleidet auf die Schiffe und warfen die Kisten kurzerhand über Bord. Einige Blätter aus dieser «Boston Tea-Party» vom Dezember 1773 sind noch heute im Museum von Massachusetts unter Glas zu sehen.

Noch in sechs anderen Häfen wurde der Teeauslad verhindert oder die Ladung an Land verbrannt und verdorben. Und 500 Damen der Bostoner Gesellschaft schworen in heller Empörung jeglichem Schwarztee ab. Man trocknete und röstete Brombeerblätter und trank den schrecklichen Absud als patriotische Tat.

Der Teeverbrauch stieg inzwischen immer mehr. Zu Beginn des 19. Jahrhunderts wurde in England allgemein der Nachmittagstee eingeführt. Immer raschere Segelschiffe wurden gebaut, um die kostbare Fracht aus dem Osten zu holen. Zwischen Clippern englischer und amerikanischer Gesellschaften fanden Wettfahrten vom Export-Hafen Kanton nach dem Westen statt, die das ganze Volk in Spannung hielten. Das berühmteste Rennen war im Jahre 1866 zwischen zwei englischen Clippern, der *Ariel* und der *Taeping,* und zwar wurde die *Ariel* als erste gesichtet, die *Taeping,* die um 10 Minuten später auftauchte, hatte aber das Glück, den ersten Schlepper zu signalisieren, und erreichte so mit 20 Minuten Vorsprung das Dock von London und wurde auf diese Weise auch Sieger.

Die Schiffe waren ungefähr 100 Tage unterwegs. In London mußten die Angestellten der großen Teefirmen Tag und Nacht auf den Dächern der Handelshäuser Wache stehen, denn kein Radio zeigte das Kommen der Schiffe an! Wenn sie gesichtet wurden oder der Wind sich drehte zu einer günstigen Fahrt Themse aufwärts, gab der Aufsichtsjunge das Zeichen, ein anderer warf sich auf ein Pferd, weckte den Schiffseigentümer in seinem Haus, und bis der Clipper am Dock anlegte, wartete bereits eine Menschenmenge auf das Ereignis. Der Siegerkapitän erhielt eine reiche Belohnung, und der erste Tee, der verladen wurde, erzielte einen hohen Preis. Bald nach dieser berühmtesten Wettfahrt wurden aber die stolzen Transportsegler für immer durch das Aufkommen der Frachtdampfer verdrängt.

Brief ans englische Handelshaus Geo. Dudley, Esq.

(mit beigelegter Bostoner Zeitung vom 16. Dez. 1773)

Boston, Neu England, 17. Dez. 1773.
Meine Herren,
Ihr Tee, der auf drei Schiffen hierher gebracht worden ist von den Kapitänen Bruce, Hall und Coffin, ist vernichtet, und die Brigg mit dem Tee ist hin. Falls der Tee an Land kommt, wird er dasselbe Schicksal erleiden. Jede erdenkliche Maßnahme wurde ergriffen, um ihn Ihnen unversehrt zurückzusenden, aber die Empfänger wollten ihn nicht schicken. Dann ersuchten wir die Zollbehörden, das Schiff zu entladen, was sie nicht zulassen wollten; darauf baten wir den Gouverneur, die Durchfahrt zu erlauben, was er ablehnte, und schließlich mußten die Leute den Tee vernichten *(se defendendo)*, weil sonst der Tee, auf den durch

eine ungesetzliche, ungerechte Verfügung Zoll erhoben worden ist, *sie* vernichtet hätte. Diese ganze
Provinz mit ihren etwa hunderttausend Einwohnern – wie auch die anderen Provinzen auf dem
Kontinent – sind fest entschlossen, den Tee weder
zu brauchen noch zuzulassen, daß er ausgeladen
werde, noch den Zoll zu zahlen. Gewalt nützt
nichts, und wenn die Gesellschaft je Tee in Amerika zu verkaufen hofft, so muß sie all ihren Einfluß
einsetzen, um dieses Tee-Gesetz rückgängig zu
machen; sonst wird sie niemals auch nur eine Unze verkaufen.

Tee wird aufs äußerste verabscheut. Selbst in
einigen ländlichen Ortschaften wurde aller Tee zusammengetragen und öffentlich verbrannt, als
stellte er Ketten und Sklaverei dar. Machen Sie das
Tee-Gesetz rückgängig, und Sie werden all Ihren
Tee verkaufen, andernfalls bleiben Sie darauf sitzen. Die Leute setzen Leib und Gut aufs Spiel bei
dieser Sache – die Existenz Amerikas hängt davon
ab.

Es tut mir leid, daß das Ministerium die Gesellschaft in so große Unannehmlichkeiten gebracht
hat, nur um den Mut der Amerikaner auf Kosten
Ihres Eigentums zu testen. Der Trick des Ministeriums ist es, Ihren Tee loszuwerden und das gemeine Tee-Gesetz beizubehalten. Aber die Leute
vom Ministerium irren sich: Die Amerikaner werden keinen billigen Tee trinken, dem ein Gift bei

gegeben worden ist. Sie durchschauen das faule
Spiel. Ich wünsche der Gesellschaft *und* Amerika
alles Gute. Aber der Amerikaner zieht den Tod
der Sklaverei vor.

Ich verbleibe hochachtungsvoll

Euer Ehren treuester, ergebener Diener

Anglo Americanus.

HORST HAMMITZSCH

Tee-Wettstreite in Japan

Die intensive Verbreitung des Tees in Japan brach-
te das Kennenlernen der in der Sung-Zeit in China
allgemein beliebten Tee-Wettstreite. Diese Tee-
Wettstreite, *tôcha* oder chin. *tou-ch'a,* erlebten in
Japan in der Zeit von Mitte des 14. bis hin gegen
Ende des 16. Jahrhunderts eine seltene Blüte. Sie
kamen dem japanischen Hang zu geselligem Bei-
sammensein entgegen und fügten sich gut den un-
ter dem Namen *monoawase* bekannten geselligen
Wettstreiten an. Waren es bei diesen Gedichte,
Blumen, Insekten, Gräser, Muscheln und andere
Dinge, die im Mittelpunkt standen, so war es jetzt
der Tee. Den Geladenen wurden verschiedene
Teesorten angeboten, zumeist vier, und sie hatten

zu unterscheiden, welche Sorte *honcha*, Tee aus dem Wachstum von Toganoo und später Uji, und welche Sorten *hicha*, Tee aus dem Wachstum anderer Teegärten war.

Wir finden Berichte über solche Tee-Wettstreite in einem Werk *Kissaôrai*, das dem Mönche Gen'e zugeschrieben wird. Der Verfasser erzählt, daß solche Tee-Wettstreite um den 6. Monat herum stattfanden. Die Gäste versammelten sich zunächst im Erdgeschoß eines Teepavillons und wurden dort bewirtet. Nach der Begrüßung führte sie der Gastgeber oder Einladende in das erste Stockwerk, den eigentlichen Teeraum, in dem das Verkosten der verschiedenen Teesorten stattfand. Von diesem Raum, der mit einer Galerie umgeben war, öffnete sich der Blick nach allen Himmelsrichtungen. Der Goldene und Silberne Pavillon, Kinkakuji und Ginkakuji in Kyôto sind beste Beispiele solcher Teepavillons. Betraten die Gäste den Teeraum, hing an der Hauptwand ein Buddha-Bild und zu dessen Seiten Bilder, welche die Lehrauslegung des Buddha darstellten und von bekannten Malern stammten. Oder aber ein Bild der heiligen Kwannon (Avalokitešvara) nahm diesen Platz ein. Von einem Tisch davor hing ein Goldbrokat herab, auf dem ein chinesisches Bronzegefäß für Blumen stand. Räucherwerkgefäße waren aufgestellt und Tee-Urnen. Auf Schmuckbrettern auf der Westseite des Raumes wurden seltene

Früchte, auf der Nordseite die zur Verteilung kommenden Preise gezeigt. Dazwischen stand der Wasserkessel, in dem das Wasser siedete. Die Gäste ließen sich auf Sitzgelegenheiten nieder, über die Leopardenfelle gebreitet waren. Die Schiebetüren des Raumes waren mit den verschiedensten chinesischen Malereien geschmückt.

Wenn die Gesellschaft versammelt war, bot der Sohn des Gastgebers den Gästen in strenger Rangordnung Früchte an. Danach wurde der Tee gereicht, und der eigentliche Wettstreit begann. Je nach ihrem Urteil erzielten die Beteiligten Punkte und erhielten nach ihrer Punktzahl die Preise zugesprochen. Nach Beendigung des Teeverkostens wurde das Teegerät hinweggeräumt, und bei ausgewählten Fischgerichten und Reiswein begann ein vergnügtes Gelage.

HEINRICH BÖLL

Ankunft in Irland

Als ich an Bord des Dampfers ging, sah ich, hörte und roch ich, daß ich eine Grenze überschritten hatte; eine von Englands lieblichen Seiten hatte ich gesehen: Kent, fast bukolisch – das topographische Wunder London nur gestreift – dann eine von Englands düsteren Seiten gesehen: Liverpool – aber hier auf dem Dampfer war England zu Ende: hier roch es schon nach Torf, klang kehliges Keltisch aus Zwischendeck und Bar, hier schon nahm Europas soziale Ordnung andere Formen an: Armut war nicht nur «keine Schande» mehr, sondern weder Ehre noch Schande: sie war – als Moment gesellschaftlichen Selbstbewußtseins – so belanglos wie Reichtum; die Bügelfalten hatten ihre schneidende Schärfe verloren, und die Sicherheitsnadel, die alte keltisch-germanische Fibel, trat wieder in ihr Recht; wo der Knopf wie ein Punkt gewirkt hatte, vom Schneider gesetzt, war sie wie ein Komma eingehängt worden; als Zeichen der Improvisation förderte sie den Faltenwurf, wo der Knopf diesen verhindert hatte. Auch als Aufhänger für Preisschildchen, als Hosenträgerverlängerung, als Manschettenknopf-Ersatz sah ich sie, schließlich als Waffe, mit der ein kleiner Junge durch den Hosenboden eines Mannes stach: erstaunt war der Junge, erschrocken dann, weil der Mann keinerlei Reaktion zeigte; dann klopfte der Junge vorsichtig mit dem Zeigefinger den Mann ab, um festzustellen, ob er noch lebte: er lebte noch, schlug dem Jungen lachend auf die Schulter.

Immer länger wurde die Schlange vor dem Schalter, wo es den Nektar Westeuropas in großzügigen Portionen um billiges Geld gab: Tee; als wären die Iren bemüht, unbedingt auch diesen Weltrekord, den sie knapp vor England halten, nicht preiszugeben: fast zehn Pfund Tee werden jährlich pro Kopf in Irland verbraucht; ein kleines Schwimmbassin voll Tee also muß in jedem Jahr durch jede irische Kehle laufen.

Während ich langsam in der Schlange vorrückte, blieb Zeit genug, mir die anderen irischen Weltrekorde ins Gedächtnis zu rufen: nicht nur den im Teetrinken hält dieses kleine Land; als zweiten den im Priesternachwuchs (die Erzdiözese Köln etwa müßte fast tausend Neupriester jährlich weihen, um mit einer kleinen Erzdiözese in Irland konkurrieren zu können); als dritten Weltrekord hält Irland den im Kinobesuch (wiederum – wieviel Gemeinsamkeit bei allen Gegensätzen! – knapp vor England); als vierten schließlich einen bedeutsamen, von dem ich nicht zu sagen wage, daß er mit den ersten dreien in ursächlichem Zusammenhang stehe: In Irland gibt es die wenigsten Selbstmörder auf dieser Erde. Noch sind die Rekorde im Whiskytrinken und im Zigarettenrauchen nicht ermittelt, doch auch in diesen Disziplinen liegt Irland weit vorne, dieses kleine Land, das soviel Bodenfläche wie Bayern, aber weniger Einwohner hat, als zwischen Essen und Dortmund wohnen.

Eine Tasse Tee so um Mitternacht, wenn man fröstelnd im Westwind steht, während der Dampfer sich langsam in die offene See schiebt – dann

einen Whisky oben in der Bar, wo das kehlige
Keltisch immer noch, aber nur aus einer einzigen
irischen Kehle klang; Nonnen duckten sich im
Vorraum der Bar wie großes Geflügel für die
Nacht zurecht, warm unter ihren Hauben, ihren
langen Habits, zogen ihre langen Rosenkränze ein,
wie Taue eingezogen werden, wenn ein Boot ab-
fährt; einen jungen Mann, der mit einem Säugling
auf dem Arm an der Bartheke stand, wurde eben
das fünfte Glas Bier verweigert, auch seiner Frau,
die mit einem zweijährigen Mädchen neben ihm
stand, nahm der Kellner das Glas ab, ohne es neu
zu füllen; langsam leerte sich die Bar, schon war
das kehlige Keltisch verstummt, die Köpfe der
Nonnen nickten leise im Schlaf; eine hatte vergessen, ihren Rosenkranz einzuziehen, die dicken
Perlen rollten mit der Bewegung des Schiffes hin
und her; die beiden mit ihren Kindern auf dem
Arm, denen der Trunk verweigert worden war,
wankten vor mir, steuerten auf eine Ecke zu, wo
sie aus Koffern und Kartons sich eine kleine Burg
erbaut hatten: dort schliefen zwei weitere Kinder,
zu beiden Seiten an die Großmutter gelehnt, deren
schwarzes Umhängetuch Wärme für drei zu bie-
ten schien; der Säugling und das zweijährige
Schwesterchen wurden in einem Waschkorb ver-
staut, zugedeckt, die Eltern verkrochen sich
stumm zwischen zwei Koffern, eng aneinanderge-
schmiegt, und die weiße schmale Hand des Man-

nes zog einen Regenmantel wie ein Zeltdach über dem Paar zurecht. Stille, nur die Kofferschlösser klirrten leise im Rhythmus des fahrenden Schiffes.

Eine Tasse Tee, so bei Sonnenaufgang, wenn man fröstelnd im Westwind steht, während die Insel der Heiligen sich noch im Morgendunst vor der Sonne verbarg; auf dieser Insel also wohnt das einzige Volk Europas, das nie Eroberungszüge unternahm, wohl selbst einige Male erobert wurde, von Dänen, Normannen, Engländern – nur Priester schickte es, Mönche, Missionare, die – auf dem seltsamen Umweg über Irland – den Geist thebaischer Askese nach Europa brachten.

So viele grüngraue Reisedecken waren eng um schmale Schultern gezogen, so viele strenge Profile sah ich, und an so manchem hochgeschlagenen Priesterkragen als Reserve die quergesteckte Sicherheitsnadel, an der zwei, drei, vier weitere Nadeln leise baumelten ... schmale Gesichter, übernächtigte Augen, im Waschkorb der Säugling, der seine Flasche trank, während der Vater am Teeschalter vergebens um Bier kämpfte. Langsam stach die Morgensonne weiße Häuser aus dem Dunst heraus, ein Leuchtfeuer bellte rot-weiß dem Schiff entgegen, langsam schnaufte der Dampfer in den Hafen von Dun Laoghaire. Möwen begrüßten ihn, die graue Silhouette von Dublin wurde sichtbar, verschwand wieder: Kirchen, Denkmäler,

Docks, ein Gasometer: zögernde Rauchfahnen aus einigen Kaminen: Frühstückszeit, für wenige nur: noch schlief Irland, Gepäckträger rieben sich unten am Kai den Schlaf aus den Augen, Taxichauffeure fröstelten im Morgenwind. Irische Tränen begrüßten die Heimat und die Heimkehrenden. Namen flogen wie Bälle hin und her.

Müde taumelte ich vom Schiff in den Zug, aus dem Zug nach wenigen Minuten in den großen dunklen Bahnhof Westland Row, von dort auf die Straße: vom Fensterbrett eines schwarzen Hauses nahm gerade eine junge Frau einen orangefarbenen Milchtopf ins Zimmer; sie lächelte mir zu, und ich lächelte zurück.

Ich kaufte mir eine Zeitung, eine Zeitschrift, die *Irischer Digest* hieß, und ließ mich von einem Ladenschild, das *Bed and Breakfast reasonable* versprach, verführen, «vernünftiges Bett und vernünftiges Frühstück» übersetzte ich mir dieses Versprechen, und entschloß mich zunächst zu einem vernünftigen Frühstück.

Gleicht der kontinentale Tee einem vergilbten Postscheckbrief, so gleicht er auf diesen Inseln westlich von Ostende den dunklen Tönen auf russischen Ikonen, durch die es golden durchschimmert, bevor die Milch ihm eine Farbe ähnlich der Hautfarbe eines überfütterten Säuglings verleiht; auf dem Kontinent serviert man den Tee dünn, aber aus kostbarem Porzellan, hier gießt man aus ramponierten Blechkannen gleichgültig ein Engelsgetränk zu des Fremden Labsal, und spottbillig dazu, in dicke Steinguttassen.

Das Frühstück war gut, der Tee des Ruhmes würdig, und kostenlos hinzu gab es das Lächeln der jungen Irin, die ihn servierte.

Ich blätterte in der Zeitung und fand als erstes einen Leserbrief, der forderte, daß Nelson so hoch da droben gestürzt und durch eine Muttergottesstatue ersetzt werden müsse. Noch ein Brief, der Nelsons Sturz forderte, noch einer ...

Acht Uhr war es geworden, Gesprächigkeit flammte auf, bezog auch mich ein: ich wurde mit Worten überschüttet, von denen ich nur ein einziges verstand: *Germany*. Ich beschloß, freundlich aber bestimmt, mit der Waffe des Landes, mit dem *Sorry* zurückzuschlagen, das kostenlose Lächeln der schlampigen Teegöttin zu genießen, bis ein plötzliches Brausen, ein Donnern fast, mich aufschreckte. Konnte der Zugverkehr auf dieser merkwürdigen Insel so lebhaft sein? Das Donnern hielt an, artikulierte sich, der vehemente Einsatz zum *Tantum ergo* wurde von *Sacramentum – veneremur cernui* an klar und sauber hörbar, bis zur letzten Silbe ausgesungen klang es über die Westland Row aus der St.-Andreas-Kirche gegenüber, und so, wie die ersten Tassen Tee so gut waren wie die vielen, die ich noch trinken würde – in verlassenen, schmutzigen kleinen Nestern, in Hotels

und an Kaminfeuern –, so blieb auch der Eindruck
einer überwältigenden Frömmigkeit, wie sie kurz
nach dem *Tantum ergo* die Westland Row über-
schwemmte: so viele Menschen würde man bei
uns nur nach der Ostermesse oder nach dem
Weihnachtsgottesdienst aus der Kirche kommen
sehen.

Acht Uhr morgens war es erst, Sonntag, zu früh
noch, den Gastgeber aus dem Schlaf zu wecken:
doch der Tee war kalt geworden, im Café roch es
nach Hammelfett, die Gäste rafften Kartons und
Koffer zusammen, strebten ihren Omnibussen zu.
Lustlos blätterte ich im *Irischen Digest*, übersetzte
mir stockend einige Anfänge von Artikeln und
Kurzgeschichten, bis eine Einzeilenweisheit auf
Seite 23 mich aufmerksam machte: ich verstand
den Aphorismus lange, bevor ich ihn mir hatte
übersetzen können: unübersetzt, nicht in Deutsch
gefaßt und doch verstanden, wirkte er fast noch
besser als ins Deutsche übertragen: *Die Friedhöfe*,
stand da, *liegen voller Menschen, ohne die die Welt
nicht leben konnte.*

Diese Weisheit schon schien mir eine Reise nach
Dublin wert zu sein, und ich beschloß, sie tief in
meinem Herzen zu verschließen, für die Augenblicke, in denen ich mir wichtig vorkommen würde (später erschien sie mir wie ein Schlüssel zu
dieser merkwürdigen Mischung aus Leidenschaft
und Gleichmut, zu jener wilden Müdigkeit, mit

Fanatismus gekoppelten Wurschtigkeit, der ich so oft begegnen sollte).

Kühle, große Villen lagen hinter Rhododendron, hinter Palmen und Oleandergebüsch versteckt, als ich mich entschlossen hatte, trotz so barbarisch früher Zeit den Gastgeber zu wecken; Berge wurden im Hintergrund sichtbar, lange Baumreihen.

Acht Stunden später schon wurde mir von einem deutschen Landsmann kategorisch erklärt: «Hier ist alles schmutzig, alles teuer, und Sie werden nirgendwo eine richtige Karbonade bekommen», und schon verteidigte ich Irland, obwohl ich erst zehn Stunden im Lande war, zehn Stunden, von denen ich fünf geschlafen, eine gebadet hatte, eine in der Kirche gewesen war, eine mich mit dem Landsmann stritt, der ein halbes Jahr gegen meine zehn Stunden setzte. Ich verteidigte Irland leidenschaftlich, kämpfte mit Tee, *Tantum ergo*, Joyce und Yeats gegen die Karbonade, die für mich um so gefährlicher war, als ich sie gar nicht kannte (erst als ich längst wieder zu Hause war, mußte ich im *Duden* nachschlagen, um sie zu identifizieren: *Gebratenes Rippenstück* las ich dort), dunkel nur ahnte ich, als ich gegen sie kämpfte, daß es ein Fleischgericht sein müsse – aber mein Kampf war vergebens; wer ins Ausland geht, möchte die Nachteile des eigenen Landes – oh, diese Hetze zu Hause! – zwar gern missen, dessen Karbonaden aber mitnehmen; wahrscheinlich wird man nicht ungestraft in Rom Tee trinken, sowenig wie man ungestraft – es sei denn bei einem Italiener – in Irland Kaffee trinkt.

JEROME K. JEROME

Die Tücken des Teekessels auf einem Boot

Nachdem wir das Deck klargemacht hatten, schickten wir uns an, das Abendessen zu bereiten. Am Bug des Boots stellten wir unsern Teekessel auf den Kocher, dann gingen wir nach dem andern Ende, als ob uns der Kessel nichts anginge, und holten die zum Abendbrot nötigen Sachen hervor.

Das ist das einzige Mittel, um bei einer Bootsfahrt einen Teekessel zum Sieden zu bringen. Wenn der Kessel merkt, daß ihr auf ihn wartet und ungeduldig werdet, dann wird er gewiß nicht singen. Ihr müßt vielmehr ganz auf die Seite gehen und so tun, als ob euch Wasser und Tee höchst gleichgültig wären. Nicht einmal umsehen dürft ihr euch; dann wird das Wasser sofort zu dampfen beginnen und sich wie närrisch in Tee verwandeln.

Es ist auch zu empfehlen – habt ihr es sehr eilig mit dem Tee –, euch recht laut miteinander darüber zu unterhalten, daß ihr eigentlich keinen Tee haben wollt. Ihr begebt euch in die Nähe des Kessels und sprecht so laut, daß er euch hören kann: «Ich will keinen Tee! Willst du vielleicht Tee, Georg?» Worauf Georg antwortet: «Tee? Nein! Ich mag keinen Tee; wir wollen Limonade trinken. Tee ist so schwer bekömmlich!»

Dann kocht der Kessel über und löscht das Feuer aus.

Wir hatten diesen harmlosen Betrug auch diesmal mit bestem Erfolg in Szene gesetzt. Als wir mit den übrigen Zurüstungen zu Ende waren, war auch der Tee fertig. Dann zündeten wir die Lampe an und setzten uns zum Abendessen nieder.

Wir waren dessen sehr bedürftig. Während der folgenden fünfunddreißig Minuten war durch die ganze Länge und Breite des Boots auch nicht ein einziger anderer Laut zu hören als der von Messern und Gabeln und vom Mahlen unserer vier Gebisse. Am Ende besagter fünfunddreißig Minuten stieß Harris den Ruf «Ah» aus, zog sein linkes Bein unter sich vor und schob das rechte an dessen Stelle.

Fünf Minuten später stieß Georg ebenfalls sein «Ah» aus und warf seinen Teller ans Ufer hinaus; und nach Verlauf von drei weiteren Minuten gab Montmorency, der Hund, das erste Zeichen von Befriedigung, das er seit unserer Abfahrt geäußert, legte sich auf die Seite und streckte die Beine aus. Und dann kam auch mein «Ah», während ich meinen Kopf zurückbog und ihn dabei an einen der Reifen des Boots stieß – ich machte mir indessen nichts daraus. Ich fluchte nicht einmal.

Wie gut ist doch der Mensch, wenn er satt ist!

Leute von Erfahrung haben mir versichert, daß ein reines Gewissen den Menschen froh und glücklich mache. Aber ein voller Magen tut das auch, und das ist manchmal billiger und leichter zu beschaffen. Ja, man ist geneigt, zu vergeben und zu vergessen, man ist voll edler und großmütiger Gefühle – nach einer tüchtigen, wohlverdaulichen Mahlzeit.

Es ist etwas recht Sonderbares um diese Herrschaft des Magens über unseren Verstand. Wir können weder arbeiten noch denken, ehe er es uns erlaubt. Er diktiert unsere Bewegungen und beherrscht unsere Leidenschaften.

Nach Eiern und Speck sagt er uns: «Jetzt arbeite!»

Nach einem Beefsteak und Porter ladet er uns zum Schlafen ein.

Nach einer Tasse Tee (NB. zwei Löffel Tee auf eine Tasse, aber nur drei Minuten ziehen lassen) sagt er zum Verstand: «Jetzt erhebe dich und zeige, was du kannst! Nun sei beredt, voll tiefer Gedanken und zärtlich! Schau mit klarem Auge in die Natur und in das Leben! Breite die Flügel deiner schnellen Eingebungen aus und schwebe wie ein göttlicher Geist über der unter dir rollenden Welt;

schweife dahin zwischen dem Heer der flammen-
den Sterne bis an die Tore der Ewigkeit!»

Ungefähr eine Stunde lang hielten wir uns in und
um Sonning auf, und da es dann zu spät war, um
noch nach Reading zu gelangen, beschlossen wir,
nach einer der Shiplake-Inseln zurückzufahren
und dort zu übernachten. Es war noch ziemlich
früh, als wir dort anlangten, weshalb Georg meinte, da genügend Zeit sei, könnten wir die Gelegenheit benutzen, uns ein ordentliches, vollständiges
Abendessen zu bereiten. Er sagte, er wolle uns
einmal zeigen, was man auf einer Flußfahrt in der
höheren Kochkunst zu leisten imstande sei, und
machte den Vorschlag, mit den Gemüsen, den
Überresten von kaltem Roastbeef und den verschiedenen sonstigen Überbleibseln ein «Irish
Stew» anzufertigen.

Die Idee entzückte uns. Georg las etwas Holz
zusammen und zündete ein Feuer an; Harris und
ich machten uns daran, die Kartoffeln zu schälen.
Ich hätte niemals geglaubt, daß Kartoffelschälen
eine so schwierige Tätigkeit sei. Die Sache erwies
sich in der Folge als eine der schwersten Unter-
nehmungen, in welche ich jemals verwickelt war.
Je mehr wir schälten, desto mehr Haut schien an
der Kartoffel hängenzubleiben; und als wir endlich alle Schalen und alle Augen weg hatten, da
war von der Kartoffel nichts mehr übrig, das heißt

so gut wie nichts mehr. Georg kam herzu und sah sich das an. Es war ein ungefähr haselnußgroßes Stück übrig. «Oho!» sagte er. «So geht das nicht. Ihr verderbt ja alles! Ihr müßt sie schaben!»

So schabten wir sie nun, aber das war ein noch weit schwierigeres Unternehmen als das Schälen. Sie haben eine so eigentümliche Form, die Kartoffeln, lauter Berge und Täler und Auswüchse. Wir arbeiteten, ohne aufzusehen, volle fünfundzwanzig Minuten und hatten vier Kartoffeln. Dann streikten wir und erklärten Georg, wir brauchten den Rest des Abends bereits, um uns selbst zu schaben. Es ist doch nichts so geeignet, aus einem anständigen Menschen einen schmutzigen Kerl zu machen, wie das Kartoffelschälen. Es war kaum glaublich, daß die Kartoffelabfälle, in denen Harris und ich, halb erstickt, standen, von nur vier Kartoffeln herrühren sollten. Ein Beweis dafür, was nicht alles mit Sparsamkeit erreicht werden kann.

Georg sagte, es sei lächerlich, nur vier Kartoffeln zu einem «Irish Stew» nehmen zu wollen; so wuschen wir noch ein halbes Dutzend und fügten sie ungeschält hinzu. Weitere Zutaten waren ein Kohlkopf und eine Schüssel voll Erbsen. Georg führte das alles untereinander, und dann meinte er, die Backschüssel sei noch lange nicht voll. So kehrten wir denn die Körbe um, lasen alle Überbleibsel und alles, was dazu brauchbar schien, auf und steckten es noch hinein. Es war noch eine halbe Schweinspastete und etwas gekochter Speck da; das wurde auch sofort hineingemengt. Dann fand Georg noch eine zur Hälfte gefüllte Büchse mit Lachskonserve und tat sie noch dazu.

Er sagte, das sei eben der Vorteil bei einem Irish Stew, daß man da all die alten Sachen loswerde. Ich fischte noch ein paar zerbrochene Eier auf, die wir auch noch beifügten. Georg meinte, das werde die Tunke gehörig dick machen. Was wir sonst noch alles hineinmengten, weiß ich heute nicht mehr; nur das weiß ich, daß nichts weggeworfen wurde. Auch erinnere ich mich, daß Montmorency, der den ganzen Vorgang aufmerksamen Auges verfolgt hatte, gegen Ende desselben mit ernsthafter, gedankenvoller Miene davontrollte – und ein paar Minuten später mit einer toten Wasserratte in der Schnauze wiederkehrte, welche er augenscheinlich als seinen Beitrag zur Mahlzeit darbringen wollte – ob es in einem Anflug von Sarkasmus geschah oder ob er wirklich von dem aufrichtigen Wunsch zu helfen beseelt war, vermag ich nicht zu sagen.

Wir berieten darüber, ob die Ratte auch noch in das Gericht aufgenommen werden solle oder nicht. Harris meinte, es könnte kaum schaden, wenn sie unter die anderen Zutaten gemischt würde, man müsse für jeden Beitrag zur Mahlzeit dankbar sein; aber Georg wehrte sich dagegen. Er sagte, in seinem Rezept zur Bereitung von Irish Stew stehe nichts von Wasserratten; er wolle lieber den sicheren Weg gehen und keine unnützen Versuche machen.

Harris meinte: «Wenn man niemals etwas Neues versucht, wie soll man dann wissen, was daraus werden kann? Solche Geschöpfe wie du, Georg, hemmen den Fortschritt der Menschheit. Denk doch nur an jenen großen Mann, der die Braunschweiger Würste erfand.»

Auf unser «Irish Stew» aber können wir stolz sein. Ich glaubte nicht, daß mir jemals eine Mahlzeit besser gemundet hat! Es war etwas so Frisches, Pikantes daran! Der Gaumen wird zuletzt der gewöhnlichen, landläufigen Gerichte überdrüssig. Hier hatten wir ein Gericht mit einer ganz neuen, nichts auf der Welt vergleichbaren Würze vor uns. Und obendrein war es auch recht nahrhaft; war doch, wie Georg sich ausdrückte, «etwas Ordentliches» drin. Die Erbsen und die Kartoffeln hätten allerdings etwas weicher sein dürfen, aber wir hatten ja alle gute Zähne, und so machte das nicht viel aus; und was die Tunke anbelangte – ah, die war «glanzreich, duftig, stillverklärt wie erste Liebe!», für einen schwachen Magen vielleicht etwas allzu würzig, aber nahrhaft!

Wir beschlossen unser Mahl mit Tee und Kirschtorte. Montmorency war inzwischen mit dem Teekessel in Streit geraten und dabei schlecht weggekommen. Während des ganzen Ausflugs hatte er in bezug auf den Teekessel große Neugierde an den Tag gelegt. Wenn man ihn (nicht den Hund, sondern den Kessel) aufs Feuer brachte, so pflegte Montmorency sich dazuzusetzen und ihn mit mißtrauischen Blicken zu beobachten und dann und wann durch ein kurzes Gebell aus seiner Ruhe aufzustören. Als jener nun zu summen und zu dampfen anfing, betrachtete er dies als eine Herausforderung zum Kampf, den er sofort annehmen wollte. Aber in diesem Augenblick pflegte regelmäßig jemand herbeizuspringen und ihm seine Beute vor der Nase wegzuschnappen.

Heute war er fest entschlossen, schneller zu sein. Beim ersten Laut, den der Kessel von sich gab, sprang er auf und stellte sich ihm kampfbereit und laut bellend. Es war nur ein kleiner Kessel; aber er war voll Mut und Feuer; er dampfte und spie nach ihm.

«Ah! Wart, ich werde dir –» grollte Montmorency, die Zähne fletschend. «Ich werde es dir beibringen! Meinst du, ein hart arbeitender, ehrenwerter Hund läßt sich so von dir behandeln? Du elender, langnasiger, schmutziger Schuft! Nur mal ran!»

Und er stürzte wie ein Drache auf den armen kleinen Kessel los und faßte ihn bei der Schnauze.

Da ertönte durch die Abendstille ein langgezogenes, unser Blut erstarrenmachendes Geheul, und

Montmorency verließ das Boot und rannte mit einer Geschwindigkeit von fünfunddreißig Meilen dreimal um die Insel, indem er dann und wann anhielt, um seine Schnauze in eine kühlende Pfütze zu stecken.

Von dieser Zeit an betrachtete Montmorency den Teekessel mit einem Gemisch von Ehrfurcht, Mißtrauen und Haß. Sooft er ihn sah, knurrte er und zog sich mit eingezogenem Schwanz schnell zurück. Aber sobald der Kessel aufs Feuer gesetzt wurde, pflegte er aus dem Boot zu klettern und am Ufer sitzenzubleiben, bis das ganze Teetrinken zu Ende war.

CURT MARONDE

Die Ostfriesen und ihr Nationalgetränk

Zwei Jahreszahlen lernt jeder Abc-Schütze aus der ostfriesischen Geschichte: 1717, das Jahr der großen Weihnachtsflut, und 1777, das Jahr, in dem der Preußenkönig in Sanssouci den Ostfriesen das Teetrinken verbot.

Hundert Jahre früher hatten sie den Tee von ihren holländischen Nachbarn kennengelernt, die damals von ihren Grachten aus die Weltmeere beherrschten und die das fernöstliche Getränk aus den Kolonien einführten. Mit einem tüchtigen Schuß Rum war es zum Lieblingstrunk der Fischer zwischen Weser und Ems von Emden bis Wittmund geworden.

Und nun verkündete die Domänenkammer in Aurich am 20. Mai 1777 im allerhöchsten Auftrag: Das «Drachengift» aus China, das man in Ostfriesland in «geradezu barbarischen Mengen» schlürfe, sei gesundheitsschädlich und deshalb verboten! Außerdem müsse aufs schärfste getadelt werden, daß Teetrinken Männer und Weiber dazu verleite, täglich mehrere Stunden müßig zu sitzen.

Die Ostfriesen wunderten sich. Ihr köstlich belebender Göttertrank sollte plötzlich Drachengift sein? Erst als sie entdeckten, daß gemeinsam mit dem Alten Fritz die Bierbrauer lauthals auf den Tee schimpften, ging ihnen ein Licht auf. Die Ritterschaft verbündete sich mit den Vertretern der Städte und der Bauern, man stieg auf die Barrikaden. Zwei Jahre dauerte der Streit mit den Kammerräten, dann entschieden die Landstände: «Der Gebrauch des Thees ist hierzulande schon zu tief eingewurzelt und gehört zu den wahren Bequemlichkeiten des Lebens; wollte man Knechten, Schiffsvolk und weiblichem Gesinde den Thee vorenthalten, würden sie gewiß in den Niederlanden Arbeit suchen.»

So blieb Teetrinken bis heute ostfriesches

Charakteristikum, Gegenstand einer besonderen, vererbten Kultur, die liebevoll aufrechterhalten wird. Die Ostfriesen sind die «Engländer» unter den deutschen Teetrinkern. Jeder Bundesdeutsche verbraucht jährlich nur 150 Gramm, jeder Ostfriese dagegen schafft stolze sechs Pfund – Babys und Mummelgreise inbegriffen! Die Bewohner der britischen Inseln bringen es sogar auf acht Pfund.

Auch der Spruch «Ostfriesische Gemütlichkeit hält stets ein Täßchen Tee bereit» bekräftigt es: Tägliches Teetrinken ist für die Ostfriesen ein ganz unentbehrlicher Genuß. Ohne Tee keine Mahlzeit, kein Besuch, kein Klönschnack unter Nachbarn. Wie fernöstliche Völker haben die Ostfriesen das Ausschenken ihres Nationalgetränkes zur Zeremonie erhoben. Man bekommt nicht einfach ein Täßchen Tee vorgesetzt, sondern «een Kopje mit 'n Kluntje un Room drin».

Tagtäglich summt der Wasserkessel, der hier Teekessel heißt, auf dem Herd. In die vorgewärmte Kanne kommen die Teeblätter: pro Tasse einen Teelöffel voll, dazu noch einen Löffel «für die Kanne». Das ergibt einen sehr kräftigen Aufguß, wie ihn ostfriesische Zungen lieben.

In den fürstlich Waldenburgischen Manufakturen wurde das friesische Teegeschirr hergestellt, aus geriefeltem Porzellan, sehr dünnwandig und mit Röschen bemalt. Die winzigen Tassen ohne Henkel hießen Kopkes. Auch die königlich

Dresdner Manufaktur, besonders ihre Dependance in Wunstorf, lieferte dieses dünnwandige Porzellan, das noch heute einen Ehrenplatz in der Wohnung hat.

Wenn draußen die Nordsee gegen die Warfen tobte, saß in den uralten Friesensiedlungen alles am Torffeuer der Wohnküche beisammen. Kein Blick streifte die Wanduhr mit buntgemalten Seejungfrauen, die «Seewiefkes». Man hatte ja Zeit, unendlich viel Zeit. Man trank Tee, immerzu Tee, so wie man ihn noch heute genießt: In die Tasse kommt zuerst ein großes Stück (Kluntje) Kandis. Das knistert gemütlich, wenn Heike, Imke oder Okka ihren Mannsleuten, dem Nanno, Habbo oder Heiko, den heißen Tee darüber gießen. Während sich die Kanne auf dem Messing-Stövchen wärmt, greift Imke zum runden Löffel mit gebogenem Stil und schöpft süße Sahne von der Milch. Dieses «Wulkje Room» legt sie dann behutsam auf den Tee, ohne umzurühren, denn er soll vielschichtig schmecken.

Nanno sitzt derweil besinnlich im Lehnstuhl und trinkt in kleinen Schlücken. Jedesmal wenigstens drei Tassen, das gilt seit jeher als «Ostfriesenrecht». Der Kandis löst sich nur langsam auf. War das «Kluntje» groß genug, so reicht es für die ganze Teestunde, doch ein neues «Wulkje Room» kommt bei jedem Nachgießen obendrauf.

Bei den alteingesessenen Tee-Importeuren in

Emden, Leer und Norden komponieren die «Zungensachverständigen», die Teekoster, ihre Mischungen mit größter Sorgfalt, prüfen mit Auge, Nase und Zunge, prüfen auf Farbe, Duft, Klarheit und Geschmack. Die Grundlage der echten ostfriesischen Teemischungen sind kräftige indische Assams, abgerundet mit Tee aus Java und blumigen, hochgewachsenen Sorten aus Darjeeling und Ceylon. Was außerhalb Ostfrieslands als «ostfriesische Mischung» abgepackt und angeboten wird, entspricht meist nicht diesem originalen Ostfriesentee.

Übrigens haben Statistiker herausgefunden, daß die meisten deutschen Hundertjährigen in Ostfriesland leben. Daß dieser Umstand etwas mit ihrer Teeliebe zu tun haben muß, laß ich mir nicht ausreden.

THEODOR STORM

Der «Hausfreund»

Von dem Herrn Ratsverwandten Quanzfelder weiß ich aus eigener Erfahrung nichts zu berichten; aber unsere Tante Laura, in deren elterlichem Hause er aus und ein ging, hat mir gründlichen

Bescheid gegeben, da ich mich neulich nach diesem weiland «Hausfreunde» bei ihr erkundigte.

«Hm, Vetter!» begann sie – und sah mich dabei mit äußerstem Behagen an, wie immer, wenn wir auf unsere alte Stadt zu reden kommen. – «Er kam allerdings mitunter zu uns; aber unser Hausfreund ist er nicht gewesen. – Mein Vater hatte, wie Sie wissen, einen Kram mit Galanterie- und Eisenwaren, aus dem auch Herr Quanzfelder seinen kleinen Bedarf, und zwar auf Rechnung, zu entnehmen beliebte; sobald aber sein Konto nur zu ein paar Mark aufgelaufen war», – und Tante Laura nahm die verbindlichste Miene an und fiel für einen Augenblick in ihr geliebtes Platt – «so wurr en Grötniß bestellt, Herr Ratsverwandter keem van Namiddag Klock dree, um de Räken to betalen. – Nebenan bei meinem Onkel, aus dessen Laden er seine Ellenwaren kaufte, bedeutete das eine Anmeldung zum Kaffee, bei uns auf Tee und Pfeffernüsse.

Der Mann übte einen seltsamen Bann auf mich aus, so daß ich ihn immerfort betrachten mußte, und doch bekam ich allzeit einen Schreck, wenn ich seine Krähstimme von draußen vor dem Laden hörte, besonders aber, wenn er nun in der Stube mit altjüngferlicher Zierlichkeit seine knochigen Hände ausstreckte, um sich die wildledernen Handschuhe abzuziehen, und darauf Hut und Schirm so seltsam hastig in die Ecke stellte.

Es war mir damals ganz unzweifelhaft, daß es der Geruch der Pfeffernüsse sei, wodurch er in diese Unruhe versetzt wurde. Kaum, daß noch die rote Perücke mit beiden Händen plattgedrückt war, so saß er in seinem mausgrauen Rock auch schon unter dem Fenster am Teetische. – Ich höre ihn noch sein ‹Danke, danke, Madam!› krähen, wenn meine Mutter ihm das Backwerk präsentierte. Er nahm dann mit der einen Hand eine Pfeffernuß, zugleich aber mit der anderen auch den ganzen Teller und schob ihn neben sich unter das Blumenbrett auf die Fensterbank.

Gesprochen wurde nicht viel: man hörte meistens nur das Klirren der Teelöffel und das Scharren des Kuchentellers, der unter dem Blumenbrett aus- und eingeschoben wurde und unter der pflichtschuldigen Nötigung meiner Mutter sich allmählich leerte. Zuweilen geschah das Abbeißen auch nur scheinbar, und die Pfeffernuß verschwand in dem weiten Rockärmel, worauf dann plötzlich der Herr Ratsverwandte das Bedürfnis empfand, sich die Nase zu schneuzen. Das buntseidene Taschentuch wurde hinten aus der Rocktasche gezogen, und das Backwerk glitt bei dieser Gelegenheit hinein. Wir Kinder sahen dem allen aufmerksam zu; sehnsüchtig nach der süßen Speise, von der heute für uns nichts abfiel. – Schließlich, nach der dritten oder vierten Tasse, stand Herr Ratsverwandter auf: ‹Dörf ick nu bidden um en bät Papier darum!› Und mein Vater, der inmittelst rauchend im Zimmer auf und ab gegangen war, machte ihm eine Tüte; Herr Quanzfelder schüttete den Rest der Pfeffernüsse hinein und steckte sie zu ihren Brüdern in die Schoßtasche; dann nahm er Hut und Schirm, krächzte noch ein paar Mal: ‹Adje, adje, Madam!› und empfahl sich.»

Kleine Teekunde

Wir lieben den Tee und wissen so wenig von ihm! Der Teestrauch ist, wenn man ihn wild wachsen läßt, ein Baum, der bis zu 15 m hoch wird, und die Sage erzählt, daß die Chinesen vor der Kultivierung des Teebaumes Affen zum Pflücken anhielten, die ihnen die Teeblätter aus den hohen Kronen der Bäume herunterwarfen.

Der kultivierte Teestrauch, der hauptsächlich aus der Pflanzenzucht von Assam stammt (Thea assamica), muß in sorgfältiger Pflege regelmäßig beschnitten werden. Er ist bis zu 120 cm hoch, was das Pflücken erleichtert und den Strauch zwingt, in die Breite zu wachsen und immer neue Blätter und Blattknospen zu entwickeln. Nur wenn man Saat gewinnen will, läßt man die Sträucher hoch wachsen und blühen. Teeblüten sind wie Kamelienblüten, blaßrosa und weiß und absolut geruch- und geschmacklos.

Der Teestrauch verlangt vor allem guten Boden und ein feuchtheißes Klima. Wo er viel Sonne und viel Regen hat, kann man die Blätter in den tief gelegenen Plantagen das ganze Jahr hindurch alle 7 bis 14 Tage pflücken, die Ernte ist reich, und der Tee wird schwer und gehaltvoll. In den höhergelegenen Gebieten – er wird bis über 2000 m in den Tropen gepflanzt –, wo leichte Nachtfröste nicht selten sind, wächst er langsamer und kann nur von April bis November gepflückt werden, aber dafür besitzen jene Blätter einen besonders feinen und zarten Duft und gehören zu den teuersten Spitzensorten.

Ein Teestrauch erreicht sein volles Wachstum im 5. bis 10. Jahr. Wird er alt, vermindert sich seine Produktionsfähigkeit, und er wird dicht über dem Boden abgeschnitten oder durch neue Pflanzen ersetzt. Die Hauptwurzel des Teestrauches reicht bis zu 6 Meter in den Boden hinein.

Die Teeblätter stehen wechselweise am Ast. Das oberste zarte und noch eingerollte Blatt (Tips, irrtümlicherweise oft als Blüte bezeichnet) und das nachfolgende offene Blatt werden Orange Pekoe genannt, das zweite offene Blatt Pekoe und das dritte Pekoe Souchong. Diese bei uns bekannten Namen sind keine Marken- oder Qualitätsbezeichnungen, sondern nur Größen- und Gradunterschiede der Blätter. Die Qualität des Tees hängt zum größten Teil von seiner geographischen Lage und von den oft sehr unberechenbaren Einflüssen des Klimas, des Wetters und des Bodens ab. Einheimische Frauen besorgen das Pflücken und bringen am Nachmittag die Tagesernte zur Fabrik. Eine gute Pflückerin erntet bis zu 50 Pfund grüner Blätter im Tag.

In der Fabrik werden die frischen Blätter gleichmäßig und in dünner Schicht auf Gestelle, entweder aus Segeltuch oder aus Drahtgeflecht, ausgelegt und für 20 bis 24 Stunden liegen gelassen. Das Blatt *welkt* in dieser Zeit, d. h. es verliert bis zu $\frac{1}{3}$ seiner Feuchtigkeit und wird weich und biegsam für den nächsten Vorgang, das *Rollen*, das in einer Maschine durch zwei Metallscheiben geschieht, die sich in entgegengesetzter Richtung horizontal bewegen. Beim Rollen brechen die Zellwände der Blätter, und die aromatischen Säfte werden frei. Das Blatt verfärbt sich und wird dunkler. Dann werden die gerollten und gepreßten Blätter durch verschieden große Siebe aufgelockert und für die *Fermentation* vorbereitet. Dieser Gärungsprozeß findet in sehr feuchtgehaltenen Räumen bei 30° Wärme statt. Das Blatt verliert dadurch viel von seinem herben Geschmack. Sobald es die Farbe dunklen Kupfers annimmt, was in 20 bis 60 Minuten geschieht, wird der Prozeß abgebrochen, und der Tee kommt in die *Trocken-*

maschinen. Vom Regulieren der heißen Luft und der Behandlung des Tees während all seiner Wandlungen hängt ein Großteil seiner Qualität ab.

Die Herstellung von Grüntee unterscheidet sich vom vorhergehenden Verarbeitungsverfahren im wesentlichen dadurch, daß keine Gärung stattfindet, d. h. der Tee macht keine Fermentation durch, die Blätter werden gleich gerollt und getrocknet. (Und der Oolong-Tee, der zu den besten Sorten gehört, ist nur halbfermentiert.)

Nach dem Trocknen wird der Tee *aussortiert*, gesiebt und gegebenenfalls geschnitten. Die generelle Sortierung ist die in Broken-Tee und Blatt-Tee. Der Broken-Tee passiert das Sieb als erster oder ist das Resultat des Schneidens; er darf nicht verwechselt werden mit Bruchtee. Der Blatt-Tee ist größer im Format und bleibt übrig, nachdem der Broken-Tee durchgesiebt ist. Dann wird das fertige Produkt in die bekannten Sperrholzkisten, die mit Aluminiumfolie ausgeschlagen sind, verpackt, damit der überaus empfindliche Tee die Reise über die Meere unverändert übersteht und so wie er versandt wurde nach Europa kommt.

Die nächste Aufgabe, den Tee zur vollen Entfaltung all seiner Köstlichkeit zu bringen, ist die unsrige, d. h. derer, die ihn zubereiten.

Die richtige Zubereitung des Tees

Drei Dinge auf dieser Welt sind höchst
beklagenswert: das Verderben bester Jugend
durch falsche Erziehung, das Schänden bester
Bilder durch gemeines Begaffen und die
Verschwendung besten Tees durch unsach-
gemäße Behandlung.»

Kakuzo Okakura

Wenn Sie die folgenden Regeln beherzigen, werden Sie aus jedem guten Tee das Beste herausho-
len, das er zu geben vermag.

1. Die Teekanne sollte aus hartgebranntem Ton
oder Porzellan, eventuell auch Gußeisen, sein und
ausschließlich zur Bereitung echten Tees dienen.
Sie darf nie mit Seife oder anderen Spülmitteln
gewaschen, sondern stets nur mit Wasser gespült
werden (der langsam wachsende braune Belag in
der Kanne ist dem Kenner kostbar!).

2. Nehmen Sie immer frisches, kaltes Wasser
und verwenden Sie ein Kochgeschirr, das nur zum
Wassersieden gebraucht wird. Sobald das Wasser
kocht, gießen Sie es sofort in einem Zug auf –
Ausnahme: falls das Wasser hart oder stark ge-
chlort ist, lassen Sie es zweimal kurz aufwallen.

3. Die Teekanne muß vor Gebrauch mit heißem
Wasser vorgewärmt werden.

4. Berechnen Sie einen Teelöffel Teeblätter pro

Tasse, das ergibt einen mäßig starken Tee (aber verwenden Sie bitte niemals ein Tee-Ei; die Blätter haben darin zu wenig Platz, um ihr Aroma voll zu entfalten).

5. Lassen Sie den Tee 4–5 Minuten lang ziehen, am besten unter einer Teehaube.

6. Umrühren und dann nach Bedarf mit Zucker und/oder Milch servieren.

7. Bewahren Sie den Tee stets gut verschlossen auf, da er leicht jeden Fremdgeruch in der Küche aufnimmt.

Wußten Sie übrigens, daß Tee anregen *oder* beruhigen kann?

Tee kann beides, denn er enthält Tein (Koffein) und Gerbstoffe (Tannin). Das belebende, direkt auf das Gehirn einwirkende Tein geht sofort in Lösung, während die Gerbstoffe erst nach und nach ausgezogen werden. Deshalb gilt: Wenn Sie einen anregenden Tee haben wollen, lassen Sie ihn nur 2–3 Minuten ziehen (und geben dafür reichlich Teeblätter in die Kanne); wenn der Tee Sie beruhigen soll, lassen Sie ihn 4–5 Minuten ziehen.

Ob ich morgen leben werde, weiß ich freilich nicht. Aber daß ich, wenn ich morgen lebe, Tee trinken werde, weiß ich gewiß.

Gotthold Ephraim Lessing, 1780

Blütentee ist ein wohlklingender Name, der ebenso poesievoll wie falsch ist. *Es gibt keinen Blütentee.*

Der Irrtum entstand, weil das oberste, eingerollte, sehr zarte und oft mit einem weißlichen Flaum umgebene erste Blatt, die Blattknospe, mit dem englischen Ausdruck «flowery» bezeichnet wird, auf deutsch: blütenhaft.

Wild wachsend, wird aus dem Teesamen ein Baum. Aber die Teepflanze wird durch regelmäßiges Schneiden gezwungen, sich buschartig in die Breite zu entwickeln. Der Busch setzt durch das Schneiden immer neue Blätter an und kommt gar nicht zum Blühen, und nur von diesem Busch werden Blätter für die Teegewinnung gepflückt. Die zarten hellen Blättchen in den sogenannten «Blütentees» sind diese obersten Blattknospen, die oft nicht ganz fermentiert sind, dadurch ihre grünliche Farbe behalten und in ihrem blütenhaften Aussehen und durch die Benennung «flowery» den Irrtum herbeiführten. Teeblüten gibt es nur an Teebäumen, die man, um Samen von ihnen zu gewinnen, hochwachsen und blühen läßt. Aber diese Blüten sind vollkommen geruch- und geschmacklos und, wie unsere Kirschblüten, nicht verwendbar. Jede Plantage hat eine sogenannte Saatecke mit Samenbäumen.

Kommen Sie zum Tee?

Auserlesene Leckerbissen mit und zum Tee

Das Kraut des Himmels, wie man den Tee poetisch zu umschreiben pflegt, eignet sich wie nichts anderes für die intime Einladung. Der Tee hat ja die bemerkenswerte Eigenschaft, Herzen zu öffnen, ohne gleichzeitig den Verstand zu verschließen. Und ohne gleichzeitig – wie das der Kaffee tut – die schöpferischen Kräfte derart anzuregen, daß jede beschauliche Intimität unter dem Andrang der Gedanken verlorengeht. Der Tee ist daher die Domäne der kultivierten Gastgeberin. Sie lädt ihre Freundinnen zum Tee ein; sie empfängt einen besonders sympathischen Herrn zum Tee; sie spricht sich über persönliche Fragen beim Tee mit Freunden aus. Der Tee erleichtert und ermöglicht all das.

Zur Kultur der Teevisite gehört unumgänglich das gepflegte Milieu. Wer Tee in Kaffeetassen serviert, wer zum Tee strickt, wer beim Tee Lärm um sich und die Gäste duldet, wer den Teetisch nicht besonders schön und diskret deckt – der ist ein Barbar und nicht wert, etwas Besseres als Heublumenabsud zu trinken. Man muß das einmal ganz deutlich sagen, weil so unerhört gegen den Geist des Tees gesündigt wird.

Es ist selbstverständlich, daß man zum Tee etwas Knuspriges anbietet. Es darf gesalzen oder süß sein, denn zu beidem paßt Tee trefflich. Abraten möchte ich nur von Leckerbissen, die Essig enthalten, weil sie den Gaumen für den zarten Geschmack des Tees verderben. Aber milder Käse – geräucherte Wurst – kaltes Fleisch – alle Arten von Kuchen, Torten und Kleingebäck – das alles sind vorbildliche Teehappen. Es gibt außerdem eigentliches Teegebäck, das von Feinschmeckern für diesen besonderen Zweck ausgedacht worden ist; man profitiere davon!   – sten

I. Teebrötchen

Buns

280g Mehl – 75g Zucker – 50g Butter – 100g Rosinen – 10g Hefe – 2 Eier – ⅛l Milch – 1 Prise Salz

Aus 4 Eßl. Mehl, wenig warmem Wasser und der Hefe einen Vorteig anrühren und aufgehen lassen. Dann das restliche Mehl und alle anderen Zutaten einrühren, zu einem festen Teig arbeiten, diesen eine Stunde gehen lassen und anschließend noch einige Male fest schlagen. Den Teig in eßlöffelgroße Stücke teilen, Kugeln formen, die auf einem eingefetteten Kuchenblech nochmals ca. ½ Stunde aufgehen müssen, bevor man sie im vorgewärmten Backofen bei ca. 200 Grad fast fertig bäckt (ca. ¼ Stunde), dann mit Butter bestreicht und schnell fertig bäckt. Buns werden noch warm serviert, zusammen mit Marmelade und Butter.

Scones
280g Mehl – 30g Zucker – 50g Butter – 80g Rosinen – ⅛l Buttermilch – ½ Päckchen Backpulver – 1 Prise Salz – etwas Zitronenschale – 2 Eßl. Milch

Mehl mit Backpulver vermengen. Einen Teil davon mit Zucker, Salz und Zitronenschale zu einem festen Teig verarbeiten, die weiche Butter in Stükken, die Rosinen und das restliche Mehl einarbeiten. Den Teig 1cm dick auswallen, mit einem Glas Scheiben (ca. 6cm) ausstechen, auf ein gefettetes Backblech legen, mit Milch bestreichen und im vorgeheizten Backofen hell backen. Mit Butter und Marmelade noch warm zum Tee servieren.

II. Pikante Leckerbissen zum Tee

1. Brötchen mit Heringsfilets in Weißwein.
2. Brötchen mit Sellerie und Spargelköpfchen.
3. Crackers mit Kräuterbutter und hartem Ei als Garnitur.
4. Mit Quark gefüllte Oliven.
5. Törtchen und Schiffchen, gefüllt mit exotischen Salaten, garniert mit Ananas.
6. Pumpernickel mit Käsebutter und Sardellenfilets.

7. Knäckebrot mit Eibutter oder Olivenbutter.
8. Knäckebrot mit Galakäsli oder Sandwichcreme.

III. Süßes mit und zum Tee

Tee-Soufflé

50g Butter – 80g Mehl – ¼l heißer, starker Tee –
125g Zucker – 4 Eigelb – 6 Eiweiß – Puderzucker

Die Butter in einer Kasserolle zerlassen, das Mehl
darüberstäuben, einrühren und mit dem Tee auf-
füllen. Unter Rühren kräftig aufkochen lassen.
Zucker einrühren und durchkochen, bis er sich
aufgelöst hat und die Masse cremig ist.
Vom Herd nehmen, Eigelb unterschlagen und Eiweiß getrennt schnittfest schlagen, dann sorgfältig
unterheben. Die Masse in die ausgebutterte und
mit Zucker ausgestreute Souffléform füllen und im
vorgeheizten Backofen bei 200 Grad etwa 18–20
Minuten backen. Herausnehmen, mit Puderzuk-
ker bestreuen und sofort servieren.

Teecreme

2 Tl Darjeelingtee – ¼l Wasser – 2 Eier – 60g
Zucker – 1 Prise Salz – 6 Blatt Gelatine – 2 Apfel-
sinen – 2 dl Schlagsahne – Zucker – Rum

Den Tee aufbrühen, 4–5 Minuten ziehen lassen
und abgießen. Eigelb, Zucker und Salz schaumig

rühren, die aufgelöste Gelatine, den abgekühlten Tee und die Apfelsinenschale mit dem Rum hinzufügen. Im Kühlschrank stocken lassen, dann das steifgeschlagene Eiweiß und die Schlagsahne unterheben. Die gezuckerten und mit Rum beträufelten Apfelsinenstückchen in einer Glasschüssel oder in Dessertschälchen anrichten, die Teecreme darüber geben und das Ganze gut abgekühlt servieren.

IV. Tee-Getränke

Zitronentee mit Calvados

4 Tl schwarzen Tee – ¼ l Wasser – 1 Zitrone – 4–8 Nelken – 8 Eßl. Calvados – Zucker

Den Tee aufgießen und 5 Minuten ziehen lassen. Die Zitrone so dünn wie möglich schälen (ohne weiße Innenhaut!), auspressen und den Saft gleichmäßig auf die Gläser verteilen. Je 1 oder 2 Nelken in ¼ der Zitronenschale stecken, diese und 2 Eßl. Calvados in jedes Glas geben und mit Tee aufgießen. Zucker nach Belieben.

Tee-Milchpunsch

3 dl heiße Past-Milch direkt über 1 gehäuften Löffel Schwarzteeblätter gießen. Zugedeckt ca. 5 Minuten ziehen lassen, absieben und mit Zucker und etwas Vanillezucker, oder Honig, versüßen.

Eistee

Der Tee schmeckt nur ganz heiß oder eiskalt – als Eistee. Eistee ist jedoch etwas ganz anderes als kalter Tee, der abgestanden schmeckt und dunkel und schal wird. Beim Eistee werden nach dem Prinzip der modernen Tiefkühlung durch schockartiges Einfrieren das Aroma und die Wirkstoffe des Tees voll und ganz erhalten.

Man füllt die Gläser mindestens zu ⅔ mit Eiswürfeln und gießt den heißen Tee darüber. (Keine Sorge, die Gläser platzen nicht!) Der Tee muß dazu natürlich mindestens doppelt stark aufgegossen werden, weil die Eiswürfel das Getränk ja verdünnen. Also: 2 Tl oder 2 Aufgußbeutel pro Glas, dazu Zucker nach Geschmack und erfrischende Zitrone nach Belieben – und zur Abwechslung auch mal einen Schuß Gin, Campari oder eine Spur Ingwerpulver.

JENS REHN

Der Zuckerfresser

«Was schreibst'n da?»

Ich sah auf und konnte ihn nicht richtig erkennen, er stand genau in der Sonne. Ich setzte mich auf und drehte mich um.

«Biste von der Zeitung oder isses nurn Brief?»

Der Junge war mager wie ein neugeborenes Kalb. Seine hellblau ausgeschossene Turnhose hatte ein ziemliches Loch auf dem linken Bein. Das Flachshaar klebte naß am Kopf. Er hatte aber keine Gänsehaut. Das Wasser war bestimmt nicht wärmer als fünfzehn Grad.

«Kalt, was?» sagte ich. Was soll man schon sagen. «Willst du dich abrubbeln?»

Er rieb sich trocken und verdreckte mein Frottiertuch mit dem elenden Teerzeug. Die sollten endlich mal verbieten, daß die Dampfer draußen auf See ihr mistiges Öl außenbords pumpten und den ganzen Strand versauten. Und überhaupt: Mit dem Schreiben hatte es nicht so geklappt, wie ich es mir vorgestellt hatte, im Strandkorb gab es entweder Sonne mit Wind, oder ich saß ohne Wind im Schatten, ein bißchen braun wollte ich ja schließlich werden; und wenn ich mich auf den Bauch an den Sandwall meiner Strandburg legte, gab es auch keine Ruhe; entweder blies der Wind die Ecken vom Papier um, oder Sand rieselte drüber hin, oder ich bekam ein steifes Kreuz, oder der Schreibarm tat mir weh.

«Wo kommst du denn her?»

Der Junge machte eine unbestimmte Bewegung. Ich schätzte ihn auf sieben Jahre. Vielleicht auch acht.

«Kannst du denn schon lesen?»

Ich merkte sofort, daß das eine völlig verkehrte Frage gewesen war. Er beantwortete sie überhaupt nicht. Ich konnte mir vorstellen, was er jetzt dachte. Er zog die Nase hoch.

«Wasser, weißte», sagte er und sah einer Möwe nach, die im Aufwind des Kliffs den Strand absegelte. «Schreibste Geschichten?»

«Auch. Ist aber nichts geworden, heute.»

«Wasn für Geschichten?»

«So alles Mögliche.»

«Für Bücher?»

«Auch, manchmal.»

«Was de selbst erlebt hast?»

«Selten. Meistens denkt man sich was aus.»

Es waren nicht mehr viele Leute am Strand. Fünfzehn Uhr, die Sonne stand schon recht niedrig. Ich zog mich an. Der Junge sah zu. Er blieb immer todernst.

«Wo gehsten jetzt hin? Hause?»

«Nein, Tee trinken, im Witthüs.»

Er zog die Augen etwas zusammen und leckte sich über die Lippen. Nicht wegen des Tees, ich erfuhr erst später, warum.

«Komm mit», sagte ich, «wenn du Lust hast.»

Er drehte sich jedoch um und stakte durch den Sand davon. Auf dem hartgetretenen Weg am Fuße des Kliffs setzte er sich in Trab und verschwand bald hinter den Strandkörben. Ich suchte meine Sachen zusammen und ging. Vor der Haupttreppe saß der Bademeister und Strandwächter in seinem kleinen Rollkarren und las. Wenig zu tun in der Nachsaison. Die Badeflagge zeigte ablaufendes Wasser an, das Baden war aber noch nicht verboten. Ruhiges Wetter, wenn es auch nicht eben sanft wehte. In einigen wenigen Körben saßen noch ein paar ältere Leute oder Liebespaare, hatten sich in Decken gewickelt und lasen ebenfalls oder sahen einfach nur auf die See hinaus. Links am Kliff flitzten die Seeschwalben und verschwanden haarscharf in ihren Nestlöchern. Die eisernen Buhnen wurden noch vom Wasser überspült. Die meisten Möwen hatten sich nach drüben auf die Landseite der Insel ins Watt verzogen und warteten darauf, daß das Wasser noch weiter fiele, dann konnten sie bequem jagen und fressen.

Oben auf dem Kliff wehte es heftiger. Auf den Aussichtsbänken der Kurverwaltung saß niemand, und auch die Straßen des Ortes lagen ausgestorben, kahl und hölzern. In acht Tagen würden die Pensionen schließen, Schluß der Nachsaison. Vor ein paar Jahren war ich schon einmal hier gewesen, allerdings mitten in der Hochsaison, Massenpublikum, aufgedonnert und laut und mit zahllosen Autos. Jetzt, Ende September, war es viel schöner. Mit dem Wetter hatte ich Glück gehabt, bis jetzt wenigstens. Und auch mein Quartier war in Ordnung, abseits vom Ort nach Westerland zu, ruhig und solide, nicht zu teuer, kein Nepp. Ein einzelnes, niedriges Haus mit Strohdach, ich mag gerne unter einem Rieddach schlafen. Unten im Hause ein gemütlicher, holzgetäfelter Raum, an der einen Wand zwei Regale mit Flaschen zur Selbstbedienung, sehr angenehm. In dieser Jahreszeit gab es natürlich auch keine Veranstaltungen der Kurverwaltung mehr, Réunions oder Wahlen der Orts- und Strandkönigin und so weiter. Auf dem Flugplatz, drüben bei Keitum, war wohl gerade Lehrgangswechsel, schon seit Tagen hatte ich keine Düsenjäger mehr gehört. Vor einer Woche war einer ins Watt gestürzt, der Pilot hatte aber noch rechtzeitig abspringen können. Nun lagen ein paar Millionen Mark im Schlamm. Na ja.

Ich suchte mir einen Platz am Fuß der zweiten Düne, sah in die Brandung tief unter mir und rauchte eine Zigarette. Wenn eine Bö in die Düne einfiel, prickelten feine Sandkornfahnen auf meiner Gesichtshaut. Der Strandhafer duckte sich und zog mit seinen längsten Halmen gezirkelte Kreise in den feuchten Sand. Die Kreise überschnitten sich sauber und exakt, wie auf dem Reißbrett konstruiert.

Endlich ging ich zurück und die Hauptstraße landeinwärts, bis ich links abbiegen mußte zum Witthüs. Sicherlich eines der ältesten Häuser hier, weiß gekalkt, niedrig, das Rieddach sah recht verwittert aus. Im Hause gab es kleine Kabäuzchen, hier kredenzten appetitliche Bajaderen alle möglichen Teesorten, den echten «Friesischen» mit Rahm und Kandis, russischen Tee mit kandierten Kirschen und Preiselbeeren, grünen Indientee. Ich mag den russischen am liebsten. Die hübschen Geishas waren Studentinnen und nutzten ihre Semesterferien aus für ihren Geldbeutel. Eine gehobene Atmosphäre, nicht ohne Fröhlichkeit.

Aus dem Schallplattenverzeichnis suchte ich mir eine verschollene Kammermusik von Scarlatti aus, meine blonde Nymphe legte die Platte auf, und ich machte es mir mit meinem Tee gemütlich. Als mir dann etwas einfiel, holte ich mein Heft hervor und fing an zu schreiben.

«Schreibst ja doch!»

Da war der Junge wieder. Ein Auftritt wie beim Zauberkünstler, die Hexerei aus dem schieren Nichts. Er hatte jetzt eine Cordhose an und eine überraschend flotte Strickjacke aus Schafwolle. Er zeigte auf den Kandiszucker.

«Schenkste mir den?»

«Türlich. Nimm nur. Auch Tee?»

Er wollte keinen Tee, nur den Zucker. Er zerbiß ihn krachend in die Musik hinein. Mir lief es bei diesem Geräusch kalt den Rücken hinauf.

«Biste fertig oder machste weiter?»

«Mit was?»

«Schreiben.»

Er hatte sich gesetzt, rechts neben mir hockte er auf der Eckbank, zwinkerte und kontrollierte die anderen Tische. Er konnte aber keinen Zucker mehr entdecken.

«Nein», sagte ich und gab auf, der Musik zuzuhören. «Keine Lust mehr.»

«Biste allein hier?»

«Ja. Und du?»

«Haste keine Frau?»

«Nein.»

«Machste keine leiden?»

Ich brauchte nicht zu antworten, denn er sagte sofort: «Ich auch nicht. Mädchen sin tumbich.»

«Tumbich? Was ist denn das? Dumm?»

«Genau.»

«Nana –!»

«Ich könnt ganz gern noch'n bißchen Zucker haben!»

Die runde, blonde Geisha kam vorbei, blieb stehen und sah den Jungen an.

«Was!» sagte sie. «Bist *du* wieder hier?»

Der Junge stieß mich an, und wir waren uns einig über die Qualität dieser Frage.

«Lassen Sie ruhig. Wir kennen uns schon lange, und ich habe ihn eingeladen.»

«So?»

Es blieb ihr nichts übrig, als höflich zu bleiben: «Ich wundere mich nur, daß der ganze Junge nicht aus purem Zucker besteht. Dieser Zuckerfresser! Unser bester Kandiskunde. Ein Nassauer ist er, das ist er!»

«Genau!» sagte der Junge ungerührt und sah das Mädchen ernst an. Dann zu mir:

«Soll ich wohl noch was haben?»

«Klar.»

Der erste Satz von Scarlatti war zu Ende, die Nadel lief in der Leerrille, im Lautsprecher kratzte es. Das Mädchen drehte die Platte um und brachte eine zweite Schale mit Kandis. Der Tee war inzwischen kalt geworden, so bestellte ich neuen. Die Sonne ging jetzt unter, die letzten Strahlen über der Düne erreichten den Jungen in der Ecke. Sein ernstes Gesicht sah rot aus wie eine Tomate. Dann zerbiß er wieder den Zucker und brachte den zweiten Satz der Musik zur Strecke.

«Mensch!» sagte ich, «deine Zähne! Das ist doch nicht gut! Lutsche doch wenigstens!»

«Kanns ja mal sehn!» sagte er und fletschte mich an. Ein tadelloses Gebiß, ohne Lücke und gerade, eine Perlenkette. Er mußte doch schon älter sein, das waren keine Milchzähne mehr, auch weiter hinten nicht.

«Schreibste wirklich nich mehr?»

«Nein. Tee trinken und Musik ist schöner.»

«Was machsten nachher?»

«Weiß nich. Vielleicht lesen, zu Hause, oder nochmal am Strand längsgehen. Weiß noch nicht, mal sehn.»

«Haste Lust?»

«Wozu?»

«Was zeigen.»

«Was denn?»

Der letzte Zucker verschwand. Dieses Mal ging der Beißkrach in einer Fortissimostelle von Scarlatti unter. Das störte den Jungen jedoch nicht.

Die Sonne war nun untergegangen, und es wurde schnell dämmrig. Meine Geisha brachte eine Tischkerze.

«Nochmal Zucker?»

Sie konnte sich die Frage nicht verkneifen.

«Genau», sagte der Junge und wurde noch ernster, wenn das überhaupt möglich gewesen wäre.

«Bitte sehr, wenn er mag», sagte ich.

Das Mädchen brachte eine, wie mir schien, größere Portion.

«Den kute ich.» Er steckte den Kandis in die Hosentasche: «Is für Teetje!»

«Wer is denn Teetje? Dein Freund?»

«Wirste sehn. Kommste mit?»

Ich bezahlte, und wir gingen. Ein anderer Gast hatte die Siebente Bruckner bestellt, und so hatten wir einen weihevollen Abgang und Auszug.

Draußen war es finster geworden, und der Wind hatte noch zugenommen. Das Rauschen der Brandung war bis hierher zu hören. Der Junge lief voran, quer über die Heide auf einem schmalen, versteckten Gehsteig zu den Dünen in Richtung Kampen und Kliffende. Die Trümmer der bei Kriegsende gesprengten Artilleriebunker blickten

schief und schwarz gegen die dunkelblauen, we-
henden Wolken. Manchmal kam ein Stern durch,
wurde aber sofort wieder zugedeckt. Der Mond
war nicht zu sehen, er ging wohl erst später auf.

Zwischen zwei Dünenzügen hob sich der Weg
sacht aufwärts, dann steiler, und schließlich mußten wir um einen mächtigen Betonklotz herum-
klettern. Unter dem Klotz zwängten wir uns in ein
enges Loch. Völlige Dunkelheit.

«Warte mal!»

Die Stimme des Jungen klang dumpf vor mir.
Ein Streichholz zischte, dann schwebten zwei
Kerzenflammen schräg über mir.

«Komm rauf, hier isses!»

An der Seite war ein Teil des Bunkers unbeschä-
digt geblieben. Aus der abgebrochenen Zwischen-
decke hing verrosteter Eisendraht in wirren Mu-
stern. Die Kerzen flackerten in einem Luftzug
wer-weiß-woher, Schatten jagten um die Höhlen-
wände.

Der Junge hatte sich eine Ecke mit getrockne-
tem Seegras ausgepolstert. Er saß da, ließ die Beine
baumeln und blickte mir mit großen, lichtglänzen-
den Augen entgegen.

«Das is Teetje», sagte er. «Friß!»

Die Möwe sperrte den Schnabel auf und
schluckte ein Stück Kandiszucker. Sie ruckte mit
dem Hals. Gerechter Strohsack, ein zweiter Zuk-
kerfresser, und was für einer! Die Möwe sah arg

mitgenommen aus, der linke Flügel hing und der Vogel lahmte; die Federn waren teerverkleistert.

Der Junge nahm die Möwe auf den Schoß und streichelte sie. Das Tier hielt den Schnabel halb geöffnet und fiepte zart. Die schwarzen Knopfaugen mit den hellen Ringen beobachteten mich unbeweglich.

«Tag, Teetje!» sagte ich.

Die Möwe fraß den Zucker, und der Junge streichelte sie.

«Hab ich vor ner Woche gefunden, is ganz zahm, von Anfang an. Machsten leiden?»

«Genau», sagte ich.

Der Junge verzog das Gesicht, und nun sah ich ihn zum erstenmal leise lächeln.

Wir haben uns in den nächsten Tagen noch zweimal getroffen, der Junge, die Möwe und ich. Ich sorgte dafür, daß den beiden der Kandis nicht ausging. Drei Tage bevor ich abfahren mußte, blieb der Junge plötzlich aus. Ich wartete vergebens. Erst am Abend des letzten Tages kletterte ich allein in den Höhlenbunker. Die Seegrasecke war leer.

Ich ging nochmals zurück zum Witthüs, trank meinen Abschiedstee, hörte der Musik zu und dachte ein wenig nach. Dann endlich fragte ich meine blonde Geisha beiläufig, ob sie den Jungen irgendwann in den letzten Tagen gesehen habe.

«Den Zuckerfresser?» sagte sie und horchte in

Richtung des Plattenspielers; das ‹Erwachen heiterer Gefühle auf dem Lande› – ‹Allegro ma non troppo› mußte gleich zu Ende sein. Es dauerte aber doch noch ein bißchen, da wir beide auf einen Trugschluß hereingefallen waren, und sie sah mich geradeheraus an: «Ja – der! Am Dienstag war er hier und ging sofort wieder. Er sagte, ‹Teetje is tot, un ich eß kein Zucker mehr.› Wissen *Sie*, wer Teetje ist?»

CURT MARONDE

Rund um den Samowar

Ein Mongolenfürst ließ dem Zaren 1638 als Geschenk 200 Packen Tee überreichen. Damit fing es an. Als der Tee dann auf dem Seeweg nach Europa kam, trafen zur gleichen Zeit auch die ersten Tee-Karawanen in Rußland ein. Haben Sie schon mal von Ziegel- oder Würfeltee gehört? Das ist dieser für den Transport auf Kamelrücken in Würfel oder Ziegelform gepreßte Tee. Wie nun der «englische Tee» nichts anderes ist als nach England importierter Tee aus Indien und Ceylon, so war «russischer Tee» auch nichts anderes als der nach Rußland eingeführte Chinatee, der von dort aus in andere Länder weiterverkauft wurde.

Vielleicht verdankte dieser «Karawanentee» seinen Rauchgeschmack dem Umstand, daß er nicht monatelang in stinkigen Schiffsräumen lagern mußte? Oder den zahllosen Lagerfeuern, an denen die Kamele auf ihrem endlosen Fußmarsch auf der «Teestraße» von Peking durch die Wüste Gobi, über verschneite Pässe, gefrorene Sümpfe und glühende Steppen, quer durch Sibirien bis an den Baikal-See und die Wolga rasten mußten?

Viel später, von 1870 bis zum Ersten Weltkrieg, wurde dann Hamburg der wichtigste Transithafen für das gesamte Chinageschäft mit St. Petersburg, Moskau, Odessa sowie den Ostseeländern und osteuropäischen Randstaaten. Damals wurde nur grüner Chinatee importiert. Die Wiege dieses Teehandels war Chinas Exporthafen Futschou.

Als Napoleon besiegt war und Zar Alexander in seiner schmucken grünen Uniform 1814 an der Spitze der verbündeten Heere in Paris einzog, brachte er riesige Mengen Tee mit. Die Soldaten halb Europas kampierten damals auf den Champs Elysées, und die Russen glänzten in wilden Kosakentänzen. Auch die Engländer tanzten – allerdings viel gemäßigter. Jedenfalls wurde das Teetrinken «à la Russe» und «à l'Anglaise» plötzlich ganz große Mode. Aber so recht mit dem Herzen waren die Franzosen doch nicht dabei, und sie sind genau wie die Italiener bis heute Kaffeetrinker geblieben.

Rußland hat jetzt eigene Teeplantagen am Schwarzen Meer im subtropischen Klima Westgrusiniens hinter den Höhenzügen des Kaukasus. Der Sage nach lag dort im Altertum das Reich Kolchis, dessen Reichtümer Seefahrer aller Länder anlockten, auch die Argonauten auf der Suche nach dem Goldenen Vlies.

In Moskau und Taschkent, in Murmansk und Wladiwostock trinkt man diesen grusinischen Tee, schwarz und grün, von früh bis spät. Er wird natürlich staatlich angebaut, auf großen Plantagen. Die Teebüsche stehen wie Soldaten in Reih und Glied und werden maschinell abgeerntet. Pflückmaschinen fahren die Reihen entlang, über die Köpfe der Büsche hinweg, wie zum Beispiel auf der großen Ingirsky-Musterfarm bei Zugdidi in Georgien. Da hier die geübten behutsamen Hände fehlen, die nur die jüngsten, zarten Blätter ernten, leidet natürlich die Qualität. Deshalb importiert Rußland noch heute große Mengen Tee aus «befreundeten» Ländern. In Indien tritt es oft als größter Käufer von Qualitätssorten aus Darjeeling auf und bestimmt dadurch nicht selten den Auktionspreis dieser Tees.

Wer einmal ostwärts fährt, wird auf russischen Bahnhöfen noch immer den Kipjatok sehen, den großen Wasserbehälter. Für eine Kopeke kann sich jeder Reisende dort heißes Wasser für seinen Tee holen. Denn eine Bahnfahrt quer durch Rußland, das kann eine Expedition von sehr vielen Tagen und Nächten werden, das hält niemand aus ohne Ströme von heißem Tee.

Da sitzen dann im Waggon die Väterchen und Mütterchen in Gruppen zusammen und trinken reihum. Aus den Taschen haben sie ihren in Papierchen eingewickelten Tee hervorgeholt, dicke Gläser und ein paar Zuckerstücke, zurechtgeschnitten vom gelblichen Hutzucker, der härter und ungebleicht ist. Dieser Zucker ist ein Teil der russischen Teesitte, in Stadt und Dorf, in Bahn und Flugzeug.

Nimm, Brüderchen! Beiß ein Stück vom harten Zucker ab, halt es im Mund, und dann laß den Tee daran vorbeilaufen. Der Zucker rundet den heißen, bitteren Schluck mit Süße ab, du schmeckst es deutlich und schlürfst mit Behagen.

Oder bist du zum Tee eingeladen? Dann wird die Gastgeberin eine kleine Schüssel mit Eingemachtem vor dich hinstellen. Tschai-Marmeladen: Kirschen, Erdbeeren, Himbeeren, Quitten oder Johannisbeeren. Du nimmst einen Löffel voll von der süßen Konfitüre in den Mund und dazu trinkst du wieder den bitteren, kräftigen Tee. Dein Glas wird immer neu gefüllt, bis du es umgestülpt auf den Tisch stellst und damit anzeigst, daß du genug hast. Die Sitte, den Tee aus hohen Gläsern mit Metallfuß zu trinken, stammt aus Rußland.

In jedem Haushalt strahlt wie eh und je der

dickbauchige Samowar aus Messing oder Kupfer Gemütlichkeit und Gastlichkeit aus, in übervölkerten Städten und der Unendlichkeit russischer Steppen und Wälder, wo Väterchen Frost regiert und in verborgenen, verlorenen Dörfern die Zeit stillsteht. Die Holzkohle im Samowar glüht, das Wasser summt, und obendrauf gluckt wie eine Henne der Tscheinik, der kleine Kessel mit Tee-Extrakt. Daraus gießt man in sein Glas und füllt mit heißem Wasser auf.

Neben dem Samowar steht Piroshnyje (Kleingebäck), wie Fruchtbrot, Mandelringe, Zuckerrubel und Katharina-Biskuits. Babas sind kleine Kuchen, die in Becherförmchen gebacken und mit Vanillesirup, heißem Rumsirup, Kirsch oder Arrak durchtränkt werden.

HEIMITO VON DODERER

Die Einschüchterung

Es war die Tat einer Teekanne, in mir unwiderruflich die Erkenntnis zu befestigen, daß allein der Entschluß und Mut zur Devastierung der eigenen Wohnräume die Tücke der Objekte für längere Zeit zurückzuscheuchen und zu bannen vermögen. Jene Teekanne, die ich schon sieben Jahre besaß, biß mich eines Morgens überraschend in den linken, nur mit einem leichten Hausschuh bekleideten Fuß, eben als ich sie gefüllt aus der Küche gebracht hatte. Der Biß gelang ihr durch Vorstrecken des Schnabels und Fallenlassen mehrerer heißer Tropfen. Glücklicherweise behielt ich den Überblick, trotz des empfindlichen Schmerzes. Ich stellte die Kanne sorgfältig ab und neuerlich Wasser im Kessel auf die Gasflamme in der Küche; dazu bereitete ich die Teebüchse und eine andere Porzellankanne vor. Jene, die gebissen hatte, entleerte ich durch Fortschütten des frischen Tees, den sie enthielt, und ließ die Beißerin auskühlen. Endlich Posto fassend gegenüber einem Bilde unter Glas und Rahmen, welches mir verdächtig geworden war durch einen blinkenden Blick auf mein Unglück, der sehr leicht auch ein solcher des Einverständnisses mit der beißenden Teekanne gewesen sein konnte, ergriff ich nunmehr diese selbst, ging auf Distanz von etwa vier Meter vom Bilde und warf die Kanne wie einen Diskus mit kräftiger Wendung aus den Hüften. Die Leichen ließ ich vier Stunden an Ort und Stelle liegen. Nach dem Wurf hatte ich nur ein einziges Mal kurz und drohend gebrüllt. Es steht jedoch außer Zweifel, daß der exekutive Vorgang von zahllosen gestielten Äuglein im Zimmer ad notam genommen worden ist. Denn in diesem Raume blieb ich durch fast ein volles Jahr von allen Kniffen und

Pfiffen, Bissen, Nücken und Tücken der insitzenden Objekte verschont. Erst nach Ablauf der angegebenen Zeit wagte es einmal mein Rasierapparat, mich am rechten Ohre zu zupfen. Doch ist das eine Angelegenheit besonderer Art gewesen und ohne Zusammenhang mit der eben erzählten.

HEINRICH BÖLL

Mit oder ohne?

Sie: Nehmen Sie Milch in den Tee?

Er: Danke, nein.

Sie: Zucker?

Er: Danke, nein.

Sie: Als Sie zuletzt hier waren, nahmen Sie Zucker in den Tee.

Er: Ich finde, er schmeckt ohne Zucker besser.

Sie: Schön. – Geben Sie acht, daß Sie immer genau wissen, wie Ihnen der Tee wirklich am besten schmeckt. Es ist schwer, das genau zu wissen; man quält sich damit ab, einen Stil zu finden. Ich lernte einmal jemand kennen, der unbedingt einen rohen Eidotter im Tee haben mußte, *unbedingt* ... wenige Tage später ertappte ich mich dabei, daß ich auch einen rohen Eidotter im Tee haben mußte, *unbedingt*. Es schmeckte mir abscheulich, aber ich trank es. Ich aß Käsesorten, vor denen ich mich, solange ich mich erinnern konnte, geekelt hatte; ich ekelte mich weiter vor ihnen, aber ich aß sie, weil jener sie aß. – Wissen Sie, wie jener hieß? Es war Otto Sansel.

Er: Der Dichter? Sie haben ihn gekannt?

Sie: Er war der Freund meines Vaters: damals war er schon über sechzig: weißhaarig, groß – – ein schöner Mann, mit einer dunklen Stimme: der Typ, den man 1913 Schwerenöter genannt und vor dem Mütter ihre Töchter vergeblich gewarnt hätten ... ich trank einen rohen Eidotter im Tee, vier Wochen lang, bis mein Vater mir eines Tages die Tasse mit dem Eidotter vom Teller schlug. Sie können den Fleck heute noch sehen, wenn Sie wollen: der Teppich liegt jetzt im Bügelzimmer: ein historischer Teppich ...

Die drei Schulen des Tees

Wie die Kunst, so hat auch der Tee seine ganz verschiedenen Perioden und Schulen. Seine Entwicklung läßt sich kurzerhand in drei Hauptabschnitte einteilen: In die des *gekochten* Tees, in die des *geschlagenen* und in die des *aufgebrühten* Tees. Die Sitte der Teezubereitung und des Teetrinkens von heute gehört zur letzten Schule. Die verschiedenen Methoden, das Getränk zu würdigen, sind charakteristisch für den Geist des Zeitalters, in dem sie herrschten. Denn Leben ist ein Sich-Ausdrücken, unser unbewußtes Handeln ist ein dauerndes Aufdecken innerster Gedanken. So wie die verschiedenen Lieblingsgetränke die Eigenheiten der verschiedenen Zeitläufe und Nationalitäten Europas kennzeichnen, so sind auch die jeweiligen Tee-Ideale bezeichnend für die Gefühlsperioden der östlichen Kultur. Der Teekuchen, der gekocht, der Pulvertee, der geschlagen wurde, und der Blättertee, der gebrüht wird, bringen die scharf voneinander geschiedenen Gefühlsimpulse der T'ang-, der Sung- und der Ming-Dynastie zum Ausdruck. Wollten wir für unsere Zwecke die vielgeschmähte Terminologie der Kunstklassifizierung entlehnen, so könnten wir sie als klassische, romantische und naturalistische Schule des Tees bezeichnen.

In der T'ang-Dynastie (617–907) in China wurden die Teeblätter gedämpft, im Mörser zerstoßen, zu einem Kuchen geformt und zusammen mit Reis, Ingwer, Salz, Orangenschalen, Gewürzen, Milch und mitunter sogar mit Zwiebeln gekocht! Um das Jahr 800, nach dem Erscheinen der Heiligen Schrift vom Tee, wurde unter dem Einfluß des Dichters Lu-Yu der Tee verfeinert und nur noch das Salz beibehalten. Der Teekuchen wird vor dem Feuer geröstet «bis er weich ist wie ein Kinderarm», und dann zwischen zwei Stücken feinen Papiers zerrieben. Salz wird bei dem ersten Kochgrad, der Tee beim zweiten hineingetan. Beim dritten Grad wird ein Löffel kalten Wassers in den Kessel geschüttet, damit der Tee sich setze und die «Jugend des Wassers sich erneuert». Dann wird das Getränk in die Tassen gegossen und getrunken.

In der Sung-Dynastie (Ende 10. bis 13. Jahrhundert n. Chr.) kam der geschlagene Tee in Mode, und so entstand die zweite Schule des Tees. Die Blätter wurden in einer kleinen Steinmühle zu feinem Pulver zermahlen und mittels eines feinen Besens aus gespaltenem Bambusrohr geschlagen. Diese neue Prozedur führte zu einer Reihe von Veränderungen in den Teegärten und auch in der Wahl der Blätter. Das Salz wurde für immer fallengelassen. Die Begeisterung der Sungleute für den Tee kannte keine Grenzen. Die Feinschmecker wetteiferten miteinander in der Entdeckung neuer Teesorten. Man sprach von der Kraft der unbefleckten Reinheit im Tee, die der Verderbnis ebenso wie der in Wahrheit tugendhafte Mensch zu trotzen wisse.

Der Einbruch der mongolischen Stämme vernichtete im dreizehnten Jahrhundert durch die Verwüstung Chinas und dessen Unterwerfung unter die barbarische Herrschaft alle Früchte der Sung-Kultur. Die Sitten und Gebräuche wechselten – der Pulvertee ist ganz vergessen. Der Tee wird nunmehr getrunken, indem man die Blätter in einer Schale oder Tasse heißen Wassers aufbrüht. Der Grund, warum dem Westen die älteren Methoden des Teetrinkens fremd geblieben sind, liegt darin, daß Europa das Getränk erst am Ausgang der Ming-Dynastie kennenlernte.

HORST HAMMITZSCH

*Der Tee in Japan,
seine Herkunft und sein Gebrauch*

Hunderte von Jahren mußten vergehen, ehe sich der Tee in Japan von seinem Dasein als medizinisches Getränk und Genußmittel erhob, um Mittelpunkt gesellschaftlicher Zusammenkünfte zu werden, Herrscher im eigenen Reich gleichgesinnter Menschen. Erst als er die Mauern der Klöster und Tempel durchbrach, die Grenzen der Klassengebundenheit überschritt, den kaiserlichen Hof verließ, zog er das gesamte japanische Volk in seinen Bann. Im Wirken der großen Tee-Meister fand der Tee und die Form seines Genusses letzte Vollendung. Die Lehre vom Tee entstand, der Tee-Weg, *chadô*. Großmeister wie Shukô, Jôô und Rikyû traten auf, übernahmen und festigten Altes, schufen Neues und gaben der Lehre Gehalt. Sie forderten von den Anhängern des Tee-Weges nicht nur die handwerklich-künstlerische Beherrschung der Zubereitung und des Trinkens, sie fragten nach einer bestimmten Lebenshaltung überhaupt. Die Lehre wurde Richtschnur im Leben.

Die Geschichte des Tees in Japan weist eine Reihe von Abschnitten auf, die sich deutlich voneinander abheben: das Bekanntwerden mit dem neuen Getränk in China, sein erstes Erscheinen in Japan und sein frühester Gebrauch, die Veranstaltung von Tee-Wettstreiten, das Werden des Tee-Weges, seine erste Blüte, seine Vernachlässigung und sein Verfall, sein Neuaufleben und seine Vollendung sowie die Festigung der Tradition.

Die Heimat des Teetrinkens wurde China. Dort war der Tee schon frühzeitig bekannt, wie uns alte Quellen berichten. Man verwendete ihn in früher Zeit als Medizin und später wohl auch als Getränk, aber die Art der Zubereitung und des Trinkens war primitiv. Verbreiteter wurde sein Gebrauch während der Sechs-Dynastienzeit (420–588) und gefestigter seine Stellung als Getränk. Wirklich Hochschätzung erlangte der Tee aber erst in der T'ang-Zeit (618–906). Lu Yü (bis 804), ein Dichter und Ästhet, war der Wegbereiter für den Tee und die Art, ihn zu trinken. Er verfaßte den «Klassiker des Tees», sein Werk *Ch'a-ching*. In den drei Bänden des Werkes behandelt der Verfasser die Teepflanze, ihre Pflege, die Ernte der Teeblätter, die bei der Teebereitung zu gebrauchenden Gerätschaften, die Zubereitung selbst und die verschiedenen Möglichkeiten des zeremoniellen Teetrinkens. Interessant ist es, hier schon Geräte erwähnt zu finden, die später in ähnlicher Form bei der japanischen Tee-Zeremonie verwendet werden. Diesem wohl um das Jahr 772 herum niedergeschriebenen Werk verdanken wir wertvolle Kenntnisse über die Entwicklung und die Form des Teetrinkens in China. Es wurde unter den Freunden des Lu Yü, Dichtermönchen, Malern und Literaten, rasch bekannt und durch diese weit verbreitet. Der Tee kam in Mode und wurde zu einem unter Einhaltung bestimmter Formen zu genießenden Getränk. Hier mag man die ersten Anfänge des Tee-Weges in China sehen.

In der T'ang-Zeit verwendete man den Tee in der Form der *dancha*. Die Teeblätter wurden gedämpft, in einem Teemörser zerstoßen und zu einem Kuchen geformt, von dem man dann je nach Bedarf Stücke abschnitt. Diese kochte man mit würzigen Beigaben und trank den Abguß. Es war also eine Art Ziegeltee, wie er auch heute noch seine Verwendung findet. Der von den japanischen Mönchen in der Nara-Zeit (710–782) verwendete Tee war von dieser Art.

In der Sung-Zeit (960–1279) wurde dieser gekochte Tee durch den gepulverten Tee, *matcha*, abgelöst, der den Tee der Tang-Zeit sehr rasch verdrängte. Diese Art von Tee lernte man in Japan um den Anfang der Kamakura-Zeit (1222-1333) herum kennen und schätzen. Der gepulverte Tee findet auch heute bei der Tee-Zeremonie Verwendung.

In den nachfolgenden Zeiten geriet die verfeinerte Art des Teetrinkens in Vergessenheit und damit auch die Arten ihres Tees. In der Ming-Zeit (1368–1661) überbrühte man die Teeblätter mit heißem Wasser und trank ihn auf diese Weise. Das ist der Tee in der Form des *sencha*, wie er in Japan in der Edo-Zeit beliebt wurde. In dieser Form lernte Europa den Tee kennen, da erst 1610 Schiffe der Holländisch-Ostindischen Compagnie Tee nach Europa brachten.

Es lassen sich keine festen Daten finden, wann Japan mit dem Tee bekannt wurde. In der Nara-Zeit war er jedoch bereits in Gebrauch, und es sind zweifelsohne japanische Mönche und Gesandtschaften gewesen, die ihn während der T'ang-Zeit in den Klöstern und am Hofe in China kennen- und schätzenlernten und als Samen oder Setzling mit nach Japan brachten. Dort hielt er zuerst seinen Einzug in den Lehr- und Pflegestätten des Buddhismus. Im japanischen Schrifttum wird der Gebrauch des Tees erstmals im Jahre 729 erwähnt. Nach Abbruch der Beziehungen zu China im Jahre 895 und mit dem Gestalten einer eigenständigen Kultur läßt der Gebrauch und die Sitte des Teetrinkens rasch wieder nach und blieb den Klöstern und Tempeln allein vorbehalten. Die Art und die Zubereitung des Tees in diesem Zeitraum war diejenige der T'ang-Zeit.

Es war der Mönch und Zen-Meister Eisai (1141 bis 1215), der den Brauch des Teetrinkens neu belebte. Zweimal war Eisai unter der Sung-Herrschaft in China gewesen und hatte dort die Lehre des Zen studiert und von den chinesischen Mönchen die Geheimnisse der Verwendung des gepulverten Tees erlernt. Darüber hinaus hatte er sich auch mit der Pflege des Teestrauchs selbst vertraut gemacht. Nach seiner Rückkehr legte er Teepflanzungen auf dem Gelände des Ryôzen-Tempels in der alten Provinz Bizen auf Kyûshû an und steckte dort die mitgebrachten Samen. Später verpflanzte er die jungen Teesträucher nach dem Shôfuku-Tempel von Hakata. Seine in China von den dortigen Zen-Mönchen gelernten Kenntnisse über den Tee legte er in einem zweibändigen Werk nieder, dem *Kissayôjôki* (1211). Darin erklärt er den Wert des Teetrinkens und macht den Leser mit der Kultivierung der Teepflanzen und der Zubereitung des Pulvertees bekannt. Als der letzte Shôgun aus dem Hause der Minamoto, Sanetomo (1204–1219), erkrankte, schickte ihm Eisai eine Schale

Tee und sein Werk *Kissayôjôki*. Die Krankheit besserte sich, und Sanetomo vertiefte sich in das Werk und begann diese Form des Teetrinkens zu schätzen. Damit wurde der Ruf der gesundheitsfördernden Kräfte des Tees begründet, von dem Eisai in seinem Werk schreibt: «Um das Leben zu pflegen, ist der Tee ein wahrer Heilstrank, ein Geheimmittel, das Leben zu verlängern.»

Mein erster Tee-Weg

Um das dritte Jahr meines Japanaufenthaltes herum war es, da fand ich zum ersten Male Berührung mit dem Tee-Weg, der Lehre vom Tee, *chadô*. Ich erhielt eine Einladung zu einer *chakai* im Hause eines bekannten Tee-Meisters in Nagoya, zu einer Tee-Gesellschaft. Ich selbst hatte mich noch nicht mit der Ausübung dieser zeremoniellen Form des Teetrinkens beschäftigt, objektiv konnte ich also dem ersten Erlebnis entgegentreten.

Das gastfreie Haus meines Freundes, in dem ich schon so oft unterhaltende und fröhliche Stunden verlebte, erscheint mir heute nicht wie sonst. Die großen Eingangspforten hatten sich nicht geöffnet. Die Schar der Dienstboten stand nicht wie üblich zum Empfang der Gäste bereit. Allein der alte Hausmeister in einem feierlich dunkelfarbenen Kimono hatte mich heute empfangen und fast

ohne ein Wort des Grußes zu der kleinen Seiten-
pforte geleitet, die den Pfad nach dem Wartehäuslein öffnet. Dort verabschiedete er sich mit einer
stummen Verbeugung und zog sich zurück. Und
der Gast folgt allein und ungeleitet dem schmalen
Pfad, der durch die Schönheit des Gartens hin zu
dem einsam-verschwiegenen Warteplatz führt.
Und ein jeder Schritt in die Tiefe des Gartens läßt
die Alltagswelt, ihre Hast und Geschäftigkeit, in
unserem Herzen verdämmern. Man schreitet in eine Welt hinein, die frei von alltäglichen Bedräng-
nissen ist, vergißt das Woher und forscht nicht
nach dem Wohin. Je tiefer man in den Garten hin-
einschreitet, hinein in diese Welt ernster Beschau-
lichkeit, desto freier wird man von den Sorgen des
Alltags. Auch die anderen Gäste scheinen andere
Menschen geworden zu sein. Der sonst so stille
Gelehrte ist aufgeschlossener, der Maler ohne die
kraftvolle Neigung zu kunstkritischer Streiterei
und der Kaufmann ohne Sorge um geschäftswich-
tige Abschlüsse. Sie alle haben Dinge, die sonst
vom frühen Morgen bis zum späten Abend des
Alltags von ihnen Besitz ergreifen, vergessen, ab-
gestreift und ergeben sich vorbehaltlos dieser Welt
der Stille, der inneren Freiheit.

Nach einer Weile des Wartens erscheint auf dem
Pfad, der aus dem Bambushain herauskommt, un-
ser Gastgeber. Feierlich-ernst schreitet er heran.
In einem gemessenen Abstand vor uns Gästen ver-

harrt er, verneigt sich tief. Das ist die Begrüßung, kein Wort, keine andere Bewegung. Dann wendet er sich und kehrt den Pfad zurück. Er ist nunmehr bereit, seine Gäste zu empfangen. Das wollte er damit sagen.

Ein Augenblick der Stille folgt. Dann verbeugt sich der *shôkyaku*, der Hauptgast, gegen die anderen Gäste und folgt dem Gastgeber nach. In unbestimmter Reihenfolge und in kleinen Abständen schließen sich die anderen Gäste an. Ich verlasse als dritter Gast das Wartehäuslein.

Der Pfad durchquert zuerst ein kurzes Stück den Bambushain. Hier schrillen die Zikaden ihr letztes Lied. Dann führt ein Hang den Pfad sanft abwärts. Büsche des Süßklees haben rechts und links des Pfades ihre weißrosa Blüten geöffnet. Kein Gartenweg im europäischen Sinne ist dieser Pfad. Einzelne Steine, in Abständen von Schrittlänge einander folgend, leiten den Gast. *Tobüshi,* Trittsteine, nennt man sie. Zwischen den Steinen wuchert reich grünes Moos und dichtes Shibagras. Andere Pfade kreuzen den unseren. Ein kleiner Stein, jeweils auf einen der Trittsteine gelegt, weist dem Dahinschreitenden, welche Richtung ihm versperrt ist. Diese kleinen Steine, *tomeishi* genannt, sind unüberwindbare Grenzschranken. Langsam folge ich den Windungen des Pfades, hier und da zögernd, um die kunstvoll-natürlich angelegten Ausblicke auf die Gartenlandschaft zu genießen. Sie lassen das Künstliche ihres Seins nicht einmal mehr erahnen. Auf der Brücke überquere ich den Wasserlauf und stehe dann vor einem großen flachen Stein. Ein Becken ist hineingehauen, und aus einem Bambusrohr fließt leise plätschernd frisches Quellwasser zu. Ein einfacher Bambusschöpfer liegt neben dem Becken.

Ich hebe den Schöpfer auf, tauche ihn in das Wasser des Beckens, fülle ihn und nehme einen Schluck seines Inhalts, um mir den Mund zu spülen. Den Rest des Wassers lasse ich über meine Hände rinnen. So vollziehe ich symbolisch eine Reinigung. Nun ist auch der letzte Staub jener irdischen Welt, der mir noch anhaften könnte, hinweggespült. Rein und frei kann ich in jene Welt des Tees, jene Welt der Stille eingehen.

Noch ein paar Schritte nur, und da – ich muß verweilen – welch ein Zusammenklang von Kunst und Natur, welch eine unvollkommen-vollkommene Einheit! Da steht er, der *chashitsu*, der Tee-Raum. Ausdruck eines unbenennbaren Geschmacks: kunstvoll und doch nicht künstlich, bewußt erschaffen und doch so rein in seiner Form und so natürlich in seinem Material, daß es dem Auge fast unglaubhaft erscheint. Kann menschlicher Schöpfergeist ein so naturgewachsenes Werk erschaffen? Man könnte den Tee-Raum eine Hütte nennen, wenn er nicht diese außerordentliche Feinheit des Geschmacks zeigte. Ein Strohdach, tief herabgezogen, dick bemoost. Die Dachtraufe – ein halbiertes Bambusrohr. Die Wände halb mit Schilfgeflecht verkleidet, halb mit Lehm beworfen. Der Eingang eine niedere Schiebetür mit Reispapier von makelloser Weiße bespannt. Davor der Schwellenstein.

Gebückt schlüpfe ich in den Tee-Raum, schreite langsam auf die Bildnische – *tokonoma* – zu, die der Tür schräg gegenüber liegt, lasse mich davor auf die Knie nieder und verbeuge mich tief nach dem Boden hin. Dann betrachte ich die in der Nische stehende Blumenanordnung. In einer Bambusvase ein Zweig roter Beeren vor herbstlich gefärbtem Laub, an dem noch, Tautropfen gleich, Wasserperlen hängen. Danach verbeuge ich mich wieder leicht, erhebe mich und suche mir meinen Platz neben dem vor mir gekommenen Gast. Die Gäste sitzen mit dem Rücken gegen die mit weißem Reispapier bespannten Schiebetüren, die den Tee-Raum nach dem Garten zu abschließen.

Der Gastgeber erscheint erst, wenn die Gäste vollzählig versammelt sind. So bleibt mir Muße, den Raum zu betrachten. Vier und eine halbe *tatami*, mit einem feinen Binsenbezug abgedeckte Reisstrohmatten, bedecken den Fußboden und normen gleichzeitig die Größe des Tee-Raums auf ungefähr drei Meter im Quadrat. Die Blumen in der *tokonoma* bilden den einzigen Schmuck. In der Mitte des Raumes ist ein Stück *tatami* ausgespart. Dort befindet sich die mit dunklem Holz eingefaßte Feuergrube. Ein Kegel fein zusammengebürsteter Asche verhüllt darin zur Hälfte die glühenden Holzkohlen. Auf einem Dreifuß steht ein schwerer eiserner Kessel über dem Feuer, dessen Farbton ein hohes Alter verrät. Auf einem kleinen Standbrett sehe ich einen Weihrauchbehälter und eine kleine Fegefeder liegen. Sonst ist der Raum schmucklos. Es sei denn, man betrachtet die gewählte Maserung des Holzwerks, das die dunklen Wandflächen abteilt, und die hölzerne Deckenverkleidung als Schmuck.

Als wir Gäste eine leise Unterhaltung beginnen, ein Zeichen, daß wir mit unseren Betrachtungen zu einem Ende gekommen sind, betritt der Gastgeber den Tee-Raum. Er kommt durch eine Schiebetür, welche den der Vorbereitung zur Tee-Zeremonie dienenden Raum, den *mizuya*, abtrennt, herein. Niederkniend verneigt er sich tief vor seinen Gästen. Dann verschwindet er wieder durch die Tür, um sofort mit verschiedenem Gerät, einem Korb mit Holzkohle, Aufheberingen, den Kessel vom Feuer zu heben, und anderen Dingen wiederzukehren. Auch eine Schale, welche feine Asche enthält, bringt er herein. Dann läßt er sich an der Feuergrube nieder, hebt den Kessel vom Feuer, richtet das Feuer neu und häuft von der Asche um die Kohlen auf. Auch Weihrauch streut er in das Feuer. Wir alle sind während seines Tuns näher an die Feuerstelle herangerückt und haben aufmerksam zugeschaut. Nun begeben wir uns auf unsere alten Plätze zurück. Der Hauptgast bittet den Tee-Meister, das Weihrauchgefäß näher betrachten zu dürfen. Dieser bringt das Gefäß zum Platz des Gastes und setzt es bedachtsam auf sein *fukusa*, ein kleines, braunseidenes Tuch, nieder. Dieses Tuch spielt bei der Betrachtung von Teegerät als Unterlage eine wichtige Rolle. Der Hauptgast entfaltet sein eigenes *fukusa*, es zeigt sattes Lila, und nimmt das Gefäß auf sein Tuch herüber. Dann betrachtet er es eingehend, und anschließend geht es von Gast zu Gast, bis der letzte es dem Gastgeber dankend zurückreicht. Dieser begibt sich wieder in den *mizuya*, um nach seiner Rückkehr anzukündigen, daß das «einfache Mahl» nunmehr aufgetragen wird. Fünfmal bringt er je ein einzelnes Tablett, einem jeden Gast der Reihe nach eins. Die Zahl der Gänge ist geringer als bei einem der üblichen japanischen Festmähler, aber dafür sind die Speisen von ausgewählterer Qualität und mit feinstem Geschmack angerichtet. Auch das Eßgeschirr verrät einen erlesenen Geschmack. Mit einer leichten Verbeugung empfangen wir die Tabletts und nehmen sie mit beiden Händen vom Gastgeber entgegen. Das Getränk ist heißer *sake*, Reiswein. Zum Abschluß werden Süßigkeiten gereicht. Damit ist das Tee-Mahl, *kaiseki*, beendet. Mit einer Verbeugung bittet der Gastgeber seine

Gäste, sich ein wenig auszuruhen, und zieht sich zurück. Wir verlassen in der gleichen Reihenfolge unseres Kommens den Tee-Raum, nachdem wir uns nochmals vor der *tokonoma* verneigt haben, und begeben uns nach dem Wartehäuslein zurück.

In dem Wartehäuslein beginnt ein Gespräch, und der eine oder andere Gast zündet sich wohl auch eine Zigarette oder eine kleine japanische Pfeife an. Doch nach kurzem Warten schon klingen Gongschläge vom Tee-Raum herüber – eindringlich, langanhaltend, fünf an der Zahl. Unser Gespräch verstummt beim ersten Schlag und macht einer stillen Feierlichkeit Platz. Man fühlt sich in einen Zen-Tempel versetzt, der irgendwo in einer Bergschlucht verschwiegen steht. Weihevoll ist die Stimmung.

Auch jetzt schreitet der Hauptgast als erster den Pfad zum Tee-Raum zurück. Wir anderen folgen in der gleichen Reihe wie vorher. Zwischen den Steinen und am Wege stehen hier und dort kleine Bambuslaternen, denn die Dämmerung hebt an. Am Wasserbecken übt ein jeder nochmals die Reinigungszeremonie und betritt dann wieder den Tee-Raum.

Dort haben die Blumen in der Bildnische einem Hängebild Raum gegeben. Es stellt einen Besen aus Bambusreisern dar und ist eine einfache Schwarzweißzeichnung. Über dem Feuer der Feuergrube summt das Wasser im Kessel leise. Auf den *tatami* stehen am vorgeschriebenen Platz ein *mizusashi*, ein Gefäß für das Wasser, und die *cha'ire*, die Tee-Büchse. Wenn alle Gäste anwesend sind, erscheint der Tee-Meister. Er trägt mit beiden Händen die Teeschale. In der Teeschale liegt der *chasen*, der Teeschläger, ein aus Bambus gearbeiteter Pinsel, und das *chakin*, ein weißes, schmales Leinentuch. Quer über der Teeschale liegt der Teelöffel, *chashaku*. Beim zweiten Hinausgehen bringt er einen Wasserbehälter für gebrauchtes Wasser, *koboshi*, die Wasserschöpfkelle, *hishaku*, und die Deckelstütze, *futa'oki*, für den heißen Deckel des Wasserkessels. Der Teeschläger, das weiße Leinentuch und die Wasserschöpfkelle sind neu und leuchtend frisch. Das andere Teegerät weist ein hohes Alter auf und zeugt von einem hochentwickelten künstlerischen Geschmack. Der Meister setzt sich in der vorgeschriebenen Haltung nieder, und die eigentliche Zeremonie beginnt. In einer genau festgelegten Folge von Handgriffen und Bewegungen werden die einzelnen Geschehnisse in ihrer Aufeinanderfolge ausgeführt. Das Falten des Teetuches, das Halten des Wasserschöpfers, das Ausspülen der Teeschale mit heißem Wasser, das Öffnen der Teebüchse, das Abklopfen des Teelöffels, die Bewegungen des Teeschlagens – traditionell ist all dies festgelegt und wird streng nach den Regeln der jeweiligen Schule vollendet.

Während sich der Gastgeber der ersten Zubereitung zuwendet, nimmt der erste Gast von den angebotenen süßen Kuchen und reicht den Kuchenbehälter in vorgeschriebener Form an den nächsten Gast weiter. Dann stellt der Gastgeber die Schale mit dem geschlagenen, dicken grünen Tee vor dem Gast nieder. Es folgen gegenseitige Verneigungen und auch eine solche des ersten Gastes gegen den neben ihm sitzenden nächsten, gleichsam Entschuldigung erbittend, daß er vor ihm trinkt. Erst dann nimmt er die Teeschale, stellt sie auf die Fläche der linken Hand und stützt sie mit der rechten. Er nimmt einen Schluck, einen zweiten und einen dritten, jedesmal die Schale leicht schwenkend. Mit einem dünnen weißen Papier fährt er dann reinigend über die Stelle des Randes, von der er getrunken hat, und gibt die Schale dem nächsten Gast weiter, wobei wieder die nötigen Verbeugungen gewechselt werden. Und so geht es reihum. Man lobt den Geschmack des Tees, seine Stärke, seine Farbe und spricht von Dingen, die den Gastgeber mit Freude erfüllen. Jedwedes Gespräch im Tee-Raum verläuft fern von den Alltagsdingen. Man spricht von Malern, Dichtern, Tee-Meistern und ihren Werken, vom Geschmack und der Anschauung verschiedener Zeiten, von auserlesenem Teegerät. Ist die Zeremonie beendet, so bittet der erste Gast, das Teegerät besichtigen zu dürfen. Und nun beginnt eine ins einzelne gehende Besichtigung der Teeschale, der Teebüchse und des Teelöffels. Frage und Antwort geht zwischen Gästen und Gastgeber hin und her. Wir erkundigen uns nach der Herkunft und Geschichte des Teegeräts, nach dem Namen des Künstlers, der es schuf, denn ein jedes gute Stück hat seine ureigene Geschichte.

Die heute gebrauchte Teeschale ist eine einfache, elfenbeinfarbene Schale mit einer Überlaufglasur eines mattgrünen Tons. Erst als ich höre, daß sie schon seit zweihundert Jahren in der Familie ist, daß ein Vorfahr sie von seinem Lehnsherrn für eine denkwürdige Tat geschenkt erhielt, kann ich den Wert begreifen. Eine selten-schöne Lackarbeit stellt die Teebüchse dar. Der Wert des Teelöffels – ein einfacher, schmaler Bambuslöffel – bleibt mir noch verborgen.

Was blieb mir von dieser ersten Tee-Zeremonie? Sie ließ ein eigenes Gefühl entstehen und erinnerte mich an ein Erlebnis, das ich vor Jahren einmal in der Heimat hatte. Wir waren in Süddeutschland gewandert und besuchten eine der oft einen so eigenen Reiz besitzenden Dorfkirchen. Mit uns war ein Freund, Musiker von Beruf und Berufung. Er setzte sich an die Orgel und spielte Bach. Und plötzlich fühlte ich, wie die Musik die ganze Weite der Kirche erfüllte, wie der Raum schwand und nur noch die Flut der Töne vorhanden war. Auch ich war gleichsam aller Körperlichkeit entblößt, von der Musik aufgesogen. Hier hatte ich ein gleiches Erlebnis. Die Wirkung der Tee-Zeremonie war so stark, daß ein Gefühl der Selbstaufgabe, ein Gefühl des Eins-Seins mit allen anderen, ein Gefühl einer eigenen Zufriedenheit mit mir selbst und der Umwelt erwuchs ...

Das chinesische Märchen vom Tee

Während der Regierung von Kaiser Yuan, a. D. 311–322, verkaufte eine alte Frau auf dem Marktplatz der Hauptstadt Tee aus einem Teekessel. Vom frühen Morgen bis späten Abend – man kannte noch keine Marktzeiten – schenkte sie aus, und jedermann war ihr gerne behilflich. Aber der Tee in ihrem Kessel war unerschöpflich. Er nahm nicht um einen Deut ab, soviel sie auch ausschenkte. Alles, was die Frau durch den Teeverkauf verdiente, verteilte sie den Armen. Ihre Handlungsweise zog die Neugierde und Aufmerksamkeit der Behörden auf sich. Ordre wurde ausgegeben, die Frau zu verhaften und einzusperren. Aber in der Nacht, als die Häscher kamen, verschwand die alte Frau samt ihrem Teekessel spurlos.

«Als erstes am Morgen muß ich eine Tasse heißen Tee trinken, um aufzuwachen. Zum Frühstück trinke ich Tee, um 10 Uhr trinke ich Tee, nach dem Essen Tee, um 4 Uhr Tee, zum Abendbrot und bevor ich ins Bett gehe die letzte Tasse Tee zum Einschlafen.»

Daß es nicht immer derselbe Tee ist, versteht sich natürlich. Am Morgen ist es ein rassiger, stark duftender, belebender Ceylon, zum Frühstück eine gute Mischung von Indientee mit der Vorherrschaft eines weichen, sanfteren Dooars. Um 10 Uhr eine Assammischung, nach dem Essen ein zarter, blumiger, feinaromatischer Darjeeling, um 4 Uhr ein Tee aus dem Hochland Ceylons, gemischt mit Javatee, dessen eigenartiger Geschmack pikant und reizvoll ist, zum Abendbrot wiederum eine kräftige Mischung herben Tees, und vor dem Schlafengehen einer der fast süßlichen, blumigen, weichen und mit allen Wohlgerüchen Indiens durchzogener Tee von Travancore oder von den Blauen Hügeln Nilgiris, der liebliche Träume verschafft ...

Der Weg zum Himmel führt an der Teekanne vorbei.

Englisches Sprichwort

LADY ADAMS

Über die unterschiedlichen Gewohnheiten des Tee-Trinkens

Zu den kleinen Unterschieden zwischen Amerika und Großbritannien zählen die verschiedenen Gewohnheiten des Teetrinkens. Besonders auffallend ist dieser Unterschied an der Pazifikküste, wo man den Nachmittagstee – außer auf einer Party – als Zeitverschwendung betrachtet. Wir sind nicht so regelmäßige Teetrinker wie die Leute in Australien oder Neuseeland, wo ich – wenn ich Glück hatte – mit «nur» sieben Teestunden am Tag davonkam. Natürlich beginnt das ganze britische Reich den Tag mit einer Tasse Tee. Da aber Bedienstete dort beinahe so selten geworden sind wie Dinosaurier, steht jeder im Turnus als erster auf, um Tee für die übrige Familie zu machen. In England haben wir denselben Brauch, so daß alle – vom Diener und der Zofe bis hinunter zum Mädchen-für-Alles, ja sehr oft die Stufen der sozialen Leiter herab bis zum Müllabfuhrmann und dem Kohlenträger – um dieselbe Stunde damit beschäftigt sind, den Frühmorgentee zuzubereiten und jenen zu bringen, die noch im Bett sind.

In den Dominions beginnt man mit dem Frühmorgentee, dann trinkt man Tee zum Frühstück, geht über zu Tee und Gebäck um elf Uhr, trinkt Tee zum Mittagessen um ein Uhr, dann wieder am Nachmittag, man nimmt ein herzhaftes Essen ein, das «Tee» heißt und aus Fisch, Schinken, Pudding, Scones und Gebäck besteht, und das ganze Dominion legt sich schlafen nach einer süßen kleinen Tasse Tee am Cheminée. Und kommt abends Besuch, so setzt man immer gleich Tee auf.

Die Amerikaner freilich betrachten diese ständige Teetrinkerei als Unsinn. Sie haben schon recht, und unsere eher sture britische Gewohnheit, von andern zu erwarten, daß sie unserem Beispiel folgen und um genau vier Uhr Tee trinken und dünne Butterbrote essen würden, ist albern. Die Amerikaner können nicht begreifen, daß wenn wir zu Hause Leute zum Vier-Uhr-Tee einladen und sie um zwanzig nach vier erscheinen, wir schon gemütlich am Teetrinken sind und der Gastgeber vermutlich gerade dem Hund einen neuen Butterbrot-Trick beibringt. Es wird neuer Tee gebracht, aber die Amerikaner wundern sich, warum diese gemächlichen Engländer denn nicht ein paar Minuten auf ihre eingeladenen Gäste warten konnten. Die Antwort darauf lautet, daß Tee um vier Uhr serviert wird, und wer zu spät kommt, für den wird frischer Tee aufgegossen.

Natürlich machen wir Fehler mit unserem Tee. Als zum Beispiel in den ersten Tagen des Krieges die Flüchtlinge zu Tausenden mit ihren armseligen kleinen Bündeln und ihrem unstillbaren Elend herüberkamen, da taten wir etwas erstaunlich Provinzielles. Wir nahmen sie zu uns nach Hause, und bevor sie überhaupt Zeit hatten, sich die Hände zu waschen, gaben wir ihnen schon eine «schnelle Tasse Tee». Nun wäre das alles ganz in Ordnung gewesen, zumal Tee für die Belgier ein Mittel gegen Kopfschmerzen und ein Tonikum ist, aber als wir ihnen monatelang Tee servierten und ihnen außerordentlich schlechten Kaffee anboten, als das Bier ganz einfach scheußlich war und der Wein verschwand, da konnte ich die arme kleine Belgierin, die zu Hause einen Zeitungsstand geführt hatte und sich jetzt in einem sehr großen, eleganten Haus äußerst unwohl fühlte, gut verstehen, als sie sagte: «Madame – dieser verdammte Tee – man gibt ihn mir dreimal am Tag, und ich wage es kaum, um mein Vaterland zu weinen, ohne daß man mir eine Tasse unter die Nase setzt; fast möchte ich heim zu den Deutschen, nur um das zu vermeiden.»

Andererseits, als Herr und Frau Ramsey Mac Donald einmal in Amerika weilten und eines Nachmittags einen Ausflug in die Umgebung von Boston unternahmen, und als Interviewer sie nach ihren Eindrücken befragten, füllten sie den dafür vorgesehenen Raum mit Klagen, weil sie – wohin auch immer sie kamen – in keinem einzigen Restaurant eine Tasse Tee auftreiben konnten.

Letzte Woche erst hatten wir ein englisches Ehepaar zum Nachtessen eingeladen, das mit dem Auto in diesem berückenden Land unterwegs war. Die beiden erzählten höchst erstaunt und befremdet, wie sie bei einem reizenden Hotel anhielten, um Tee zu trinken. Sie bestellten Indischen Tee, Milch und Butter und dünne Scheiben Brot. Die Kellnerin sagte: «Wir servieren Tee nur einmal in der Woche. Kommen Sie am Dienstag wieder, und Sie kriegen eine hübsche Portion.»

Ich frage mich, ob nicht ganz Los Angeles glücklicher wäre, wenn alle um vier Uhr die Arbeit unterbrächen, eine zehnminütige Ruhepause einschalteten und eine besänftigende Tasse Tee tränken. Ich weiß, das klingt verrückt. Kein Mensch hat Zeit, mitten am Nachmittag Teekessel zum Kochen zu bringen. Auch ist um diese Zeit nie jemand zu Hause. Manchmal denke ich, ich sei der einzige Mensch, der zur Tee-Zeit immer daheim ist. Wo wäre es gemütlicher als an meinem Teetisch? Freunde schauen jeden Tag herein – sie genießen meinen Tee, und ich mag ihr Plaudern –, aber alle sagen sie, daß sie sich niemals selbst das Tee-Ritual angewöhnen würden. Dies ist nun einmal einer der kleinen Unterschiede zwischen den Völkern.

ERNST HEIMERAN

Der Pianoforte

In unserer ganzen Schulzeit wurde nirgends soviel gelacht wie beim Pianoforte, ganz gegen seine Absicht allerdings. Er meinte es immer so richtig und brachte es meistens so schief heraus. Je ernster er uns ins Gewissen reden wollte, desto mehr entgleiste er, und desto unbändiger wurde unser Vergnügen.

«Meine Herrn», mit dieser Antritts-Erklärung hatte Pianoforte schlagartig seinen Ruhm begründet, «meine Herrn, merken Sie sich von vornherein eines: Sie dürfen nicht reden, wenn ich red', nur dann dürfen Sie reden, wenn ich nicht red', und auch da ist es nicht erlaubt!»

Er steigerte die Wirkung solcher Aussprüche noch dadurch, daß er sie im Flüsterton ansetzte, im fortissimo durchführte und ebenso unvermittelt im pianissimo enden ließ. Diese akustischen Wechselbäder machten gewaltigen Effekt, zumal sich der Pianoforte dabei selber klein und groß machte, sich wie ein Dirigent duckte, anpirschte, aufreckte, über uns herfiel und sanftmütig bettelnd wieder Abstand nahm.

«Ruhe, Sie drei da vorn! Stellens gefälligst Ihren Dialog ein! (piano:) Ich kann nicht beständig auf zwei Atmosphären Bedacht nehmen. (forte:) Schauens, Sie müssen sich Wörter merken. Das ist wie in der Musik die Skalen. (piano:) Wer musikalisch sein will, der muß Skalen üben. Nicht wahr, Heimeran? (fortissimo:) Üben Sie Skalen oder üben Sie nicht?»

«Offengestanden nicht, leider.»

«Ich verzichte auf Ihre Geständnisse. Dann sind Sie eben nicht musikalisch.»

«Das hab ich auch nicht behauptet.»

«In Dreiteufelsnamen, Sie spielen aber doch Geige? Wie lange spielen Sie denn Geige?»

«Acht Jahre.»

«Und da will mir dieser Gentleman von der Ferse bis zur Zeh weismachen, daß er nicht musikalisch ist? (pianissimo:) Schauens, wenn Sie acht Jahre musizieren, dann sind Sie doch musikalisch? (fortissimo:) Das ist eine conditio sine qua non – wissens, was das ist? Na also!»

«Ich kenne aber Leute, Herr Professor, die musizieren, sogar öffentlich, und sind doch nicht eigentlich musikalisch.»

Es war ja eigentlich nicht schön von uns, einen Freund der Musik derart in den Harnisch zu bringen. Er hatte um so mehr Sorge, daß ihn unser Benehmen beim Rektorat in Unannehmlichkeiten brächte. Gerade ihm widerfuhr dieses gefürchtete Mißgeschick.

Eines Samstags in der letzten Stunde wurde die

Tür aufgerissen, ehe es noch recht geklopft hatte. Der Rex schoß ins Klassenzimmer. Wir sprangen auf.

Er stieß hervor: «Wer hat da wieder die Demarkationslinie übertreten und hinten im Hof geraucht? Schweinerei! Er soll sich melden!»

Ich konnte mich zwar nicht entsinnen, in letzter Zeit drüben geraucht zu haben, zumal die Marke «Masuren Gold», die mein Vater im großen einzukaufen und ins Feld zu schicken pflegte, mitsamt dem Feldzug zu Ende war. Aber daß ich der Demarkation nicht achtete und wandelte, wo es mir einfiel, das mochte stimmen. Also meldete ich mich, zumal ich in der ersten Bank saß und den Rex unmittelbar vor mir hatte.

«Wie heißen Sie?» forschte der Rex. «Keiner sonst?»

Offenbar keiner.

«Dann, Herr Kollege, behalten Sie die Klasse nach der Stunde so lange da, bis es den Herren eingefallen ist, wer noch dabei war. Sie aber können nach Hause gehen, Heimeran, gratuliere! Sie sind das einzige Mannsbild hier. Wiedersehn!» Bum, draußen war er.

«Bum», machte auch Pianoforte, «bum. Jetzt haben wir die Bescherung! Jetzt können wir heut am Samstag alle miteinander nachsitzen, der Heimeran ausgenommen. Ja, Heiland in deinem Reich, was haben Sie sich eigentlich gedacht, daß

Sie aufgestanden sind, Sie schamloser Mensch? Sie haben mir da ein schönes Kind eingebrockt, und ich soll das Bad jetzt auslöffeln!»

«Wieso ausgerechnet ich? Andere waren doch auch dabei!» protestierte ich.

«Weil Sie sich gemeldet haben! Die andern haben sich wenigstens geschämt und sind sitzen geblieben. Sie haben uns alle blamiert, verstehn Sie denn nicht?»

«Nein. Ich habe nur gesagt, daß ich dabei war. Ich habe weiter nichts gesagt als die Wahrheit.»

«Die Wahrheit, die Wahrheit! Schöne Wahrheit das! Vorn hinaus sagt sie ja, und hinten sticht sie mit scharfer Zunge. Wenn Sie's immer noch nicht begreifen, dann will ich's Ihnen privatissime erklären. Kommen Sie heute nachmittag in meine Wohnung, dann will ich Ihnen die Flötentöne schon beibiegen.»

«Um wieviel Uhr?» erkundigte ich mich mißtrauisch. Das sah ja beinahe nach einem Privatarrest aus. Da nennt einen erst der Rex das einzige Mannsbild, und dann sperrt einen der Pianoforte womöglich dafür ein.

«Kommen Sie zum Tee!» sagte Pianoforte.

«Zum Tee?»

«Ja, ja, zum Tee, um fünf. Five o'clock tea. Soviel könnten Sie jetzt schon gelernt haben! Und jetzt stören Sie uns nicht länger, Sie Unglücksschwalbe Sie!»

Der Pianoforte wohnte draußen an der Schleiß-
heimer Landstraße in einem Eckhause, dem noch
keine Flügel gewachsen waren. Seit Jahren stand
es mit kahlen Flanken, frühzeitig gealtert, zwischen unbebauten, von Drahtmatratzen und son-
stigem Gerümpel bedeckten Grundstücken. Auch
der nach dem Schwabinger Krankenhaus zu aufge-
malte Reklameelefant war verschossen und der
Verputz gerade an der Stelle des Rüssels abgeblät-
tert, wo er den Gummireifen hätte balancieren sollen, der nun unmotiviert im Leeren schwebte.

Das Elefantenhaus war mir dadurch geläufig,
daß wir Pfadfinder gelegentlich uns hier sammelten und die gußeisernen Staketen des Vorgartens
als Garderobehaken für unsere Rucksäcke benütz-
ten, bis wir endgültig abmarschierten. Noch nie
hatte ich jemanden in das Haus hineingehen oder
aus ihm herauskommen sehen, obwohl die auf den
Küchenbalkonen flatternde bunte Wäsche lebhaf-
tes häusliches Leben verriet. Kinder gab es jedenfalls keine in diesem Hause, dagegen offenbar
mehrere Junggesellen wie Pianoforte.

Nach der ganzen Umgebung konnte ich mir etwa vorstellen, wie trostlos und schludderig es auch
bei ihm in der Wohnung aussehen mochte. Ich
suchte vergeblich an der Haustüre nach Namens-
schildern. So mußte ich denn von Wohnung zu
Wohnung gehen und die Täfelchen und Visiten-
karten studieren. Im Parterre hatte es mittags of-

fenbar Stockfisch mit Zwiebeln gegeben. Der Geruch begleitete mich bis zum zweiten Stock, wo ich endlich Pianofortes Wohnung herausfand. Er wohnte in Untermiete; dreimal schellen. Drinnen übte jemand Klarinette, von unten herauf vernahm man Geige und Klavier, ja sogar Harfe, wenn ich nicht irre. Da in vielen Mietswohnungen Musikausübung nicht geduldet wird, schien sich hier im alleinstehenden Elefantenhause ein halbes Orchester angesiedelt zu haben.

Nachdem ich geziemend, aber vergeblich gewartet hatte, daß man mir öffne, schellte ich von neuem und etwas nachdrücklicher. Ein ältliches weibliches Wesen, von dem ich nicht recht wußte, ob ich es als gnädige Frau, als gnädiges Fräulein oder überhaupt nicht als gnädig ansprechen sollte, öffnete mir. Ich nannte daher meinen Namen und fragte nach dem Herrn Professor.

«Sie sind erwartet», sagte die Undefinierbare mit so auffallend melodischer Stimme, daß ich sie sogleich für gnädig ansah.

Sie lotste mich zwischen Kleiderschränken mit Eingemachtem, einer Wäschemangel und einem Fahrrad durch den Gang in ein Erkerzimmer, in dem mich Pianoforte in Empfang nahm. Wahrhaftig in Empfang; er schüttelte mich, beide Hände ergreifend, wie man einen Teppich ausschüttelt, drückte mich hierauf in ein tiefeingesessenes Biedermeiersofa und forderte mich auf zu tun, als ob ich zu Gast wäre. Sollte natürlich heißen zu Hause. Und zu Hause hatte ich ausdrücklich gelernt, daß junge Menschen niemals in Sofas Platz nehmen dürfen. Indessen hatte ich ihn ja nicht eigentlich genommen, war vielmehr von ihm genommen worden, tief und keineswegs beneidenswert bequem. Doch gefielen mir die weißen Ziernägel des grünen Bezugs, das lebendige Kirschbaumholz der anmutig geschwungenen Lehne, das Möbel an sich, und überhaupt Pianofortes gesamtes Mobiliar. Wünschte ich mir doch selber daheim nichts sehnlicher als einen solchen Klappsekretär, solche Stühle mit einer Lyra als Lehne, solche Schränke mit Messingbeschlägen und allegorischen Emblemen, eine Eckvitrine wie diese, mit allerliebsten Kinkerlitzchen aus Glas und Porzellan angefüllt, und so eine richtiggehende, richtigschlagende Barockstanduhr mit Sonne, Mond und Sternen. Ach, ich konnte mein erstauntes Entzücken an diesen Herrlichkeiten nicht ganz unterdrücken, obwohl ich das nach den Regeln des Anstandes ebenfalls nicht hätte tun dürfen.

Pianoforte nahm meine Verwunderung nicht ungnädig auf; an einem Tage sei das freilich auch nicht vom Himmel gefallen, und daran sei vor allem seine Schwester schuld. Sie würde jetzt gleich den Tee hereinbringen, denn es hätte um fünf Uhr bereits viertel geschlagen, und da hätten wir noch etwas Zeit, unsere Kontroverse fortzusetzen.

Ich war von vornherein bereit, alles einzusehen, so sehr bezauberte mich Pianofortes Heim. Eigentlich störte darin nur das Pianoforte selbst, ein schwarzer Kasten; er fiel ganz und gar aus dem Rahmen. Aber Klaviere sind einmal so, sie schlagen jedem antiken Rahmen ins Gesicht, wie Pianoforte selber versicherte; aber wenn man sie nicht ansähe, dann sähe man sie gar nicht.

«Schauens, mit Ihrer Wahrheit da heut im Unterricht», fuhr er fort, «die ist wie ein Klavier: es kommt darauf an, wie man sie spielt. Wenn man einfach so darauf loshackt wie Sie, das tut weh. Sie hätten ruhig ein wenig warten können mit Ihrer Meldung, in Dreiteufelsnamen, ich hätt' Ihnen den Einsatz schon noch gegeben. Sie sind doch musikalisch, Sie wissen doch, daß man warten muß, bis alle beisammen sind. Greifens doch einmal aufrichtig an Ihren Kopf, dann werden Sie gleich spüren, wo mich der Schuh drückt. Man bumfiedelt doch nicht einfach fortissimo drauf los wie ein Schuhputzer!»

«Ich sitze halt in der ersten Bank, Herr Professor», entschuldigte ich mich. «Da konnte ich die Lage nicht recht übersehen.»

«Wenn Sie in der ersten Geige sitzen, müssen Sie erst recht die Ohren spitzen, Herrgott in deinem Reich, ist der dös was! Aber ich will's ja gelten lassen, wenn Sie's nur einsehen. Schauens, man muß mit der Wahrheit vorsichtig umgehen. Das sieht grad so aus, als ob es nach nichts aussähe, aber wenn sich da jeder auf eigene Faust hervortun will damit, dann gibt's eine Kakophonie, keine Symphonie. Habens mich jetzt verstanden, Sie Primarius Sie?»

Es war nicht leicht zu verstehen. Zugegeben: es liegt ein gewisser Hochmut darin, seine Fehler frei herauszusagen. Denn wer sich seiner Fehler so wenig schämt, daß er sie ohne zu zögern laut zugibt, scheint wenig Neigung zu verraten, sie zu bereuen und zu bessern. Andrerseits ist Selbsterkenntnis doch der erste Schritt zur Besserung und Offenheit vielleicht der zweite; denn wenn Bescheidenheit und Demut auch Tugenden sind, so ist doch Wahrheit das große Ziel, und wie wäre es erlaubt, die Wahrheit aus Scham zu verleugnen? Freilich, was ist Wahrheit? Da hatte der Pianoforte wieder recht.

Die Schwester brachte den Tee. Selbst dem Tee, dem ich mich sonst hochmütig überhob, gewann ich unter Pianofortes musikalischer Leitung Geschmack ab. In den zierlichen Täßchen auf spiegelndem Lacktablett schlürfte es sich wie ein Menuett. Es stellte sich heraus, daß auch Pianofortes Schwester der Musik ergeben war, ja, daß alle die Ahnen an den Wänden in ihren ovalen Goldrahmen der sanft bezwingenden Wahrheit der Musik zugetan gewesen. Sie hielten Notenblätter in den Händen, wie zu Marschallstäben gerollt; einer der

Ahnherren trug sogar einen Lorbeerkranz. Auch Pianoforte hatte sich, wie er andeutete, ursprünglich dem angestammten Musikerberuf widmen wollen. «Die meisten Musiker», sagte er, «haben in ihrer Jugend gelernt, wie trockenes Brot schmeckt, wenn man nicht einmal das hat. Ich auch.» Er seufzte. Es war der Seufzer seines Lebens, daß er sich des Broterwerbs halber dem Lehrerberufe hatte widmen müssen.

Er klingelte mit dem Löffel an der Teetasse, als wolle er dieses Seufzerkonzert abklopfen. «Was geigen Sie eigentlich?» erkundigte er sich.

«Alles!» sagte ich. In der Jugend versucht man sich ja an allem.

«Alles ist eigentlich gar nichts», mahnte der Pianoforte.

«Zur Zeit hauptsächlich Brahms», schränkte ich ein.

Pianoforte runzelte die Stirn. «Aha, Brahms. Ein Brahmsianer. Das ist des Pudels Lösung. Da braucht man natürlich keine Skalen zu üben, da schwelgt man so drauf los. Sie sollten Bach spielen, mein Herr. Das ist das A und B der Musik, da heißt es Farbe bekennen.»

«Aber Eduard», verwies die Schwester. «Du mußt doch die Freude gelten lassen. Musik muß doch vor allem Freude sein, keine Schularbeit. Nur wer diese Freude erlebt, weiß, wo Gott wohnt.»

«Meine Schwester hat nämlich selber viel Brahms gesungen», sagte Pianoforte. «Ich sage ja nichts gegen Brahms, in Dreiteufelsnamen. Ich meine die Brahmsianer, die Gefühlsschluderianer, die keinen sauberen Lauf beherrschen und nur so dahin rauschen.»

So ganz unrecht hatte er nicht. Ich fühlte mich betroffen.

«Ich spiele aber auch gerne Bach», suchte ich mich reinzuwaschen.

«Die Chaconne vielleicht?»

«Nein, daran hab ich nur herumgestopselt.»

«Bravo! Sehen Sie, jetzt war die Wahrheit am Platze!»

«Am liebsten das Doppelkonzert», erzählte ich, «wenn ich einen Partner finde.»

Pianoforte neigte sich geheimnisvoll zu mir herüber und flüsterte: «Wollen Sie das Doppelkonzert vielleicht mit mir spielen?»

Und fortissimo: «Schwester, er spielt am liebsten das Doppelkonzert! Das Doppelkonzert, hast du gehört?»

«Dann spielen wir's doch gleich», nickte die Schwester, «warum denn nicht? – Wissen Sie, damit haben Sie bei meinem Bruder einen gewaltigen Stein im Brett. Es ist sein Leib- und Magenkonzert.»

«Ob ich es aber dafür gut genug kann? Und dann müßte ich doch erst meine Geige holen.»

«Wäre Ihnen vielleicht mit einer von denen gedient?» bot Pianoforte an und öffnete den großen Schrank mit der getriebenen Allegorie der irdischen und der himmlischen Liebe oder was diese Damen sonst vorstellen mochten. Innen jedenfalls barg das schöne Stück den überirdischen Anblick eines halben Dutzends von Geigen, an Silberdrähten aufgereiht – eine erlesene Gesellschaft.

«Nehmen Sie die», überlegte Pianoforte und reichte mir ein warmbraunes, gewölbtes Instrument. «Die ist gut für Bach. Nicht so einschmeichelnd wie die Franzosen und Italiener, aber kernig im Ton, eine Wiener Bartl, Sie wissen doch. Keine Saubartl, wohlgemerkt, eine aus der guten alten Zeit, als noch kein Brahms in Wien spukte. Der dürfen Sie sich ruhig anvertrauen. Ich bleibe bei meiner Klotz, wenn Sie erlauben.»

Schon im Eeifer der Vorbereitungen mit den Instrumenten, den Noten, dem Doppelpult verjüngte sich Pianoforte förmlich, indessen ich in meiner erstaunten Bewunderung das Gefühl hatte, so zu reifen, daß der Altersunterschied und der bisher noch immer empfundene Unterschied zwischen Lehrer und Schüler hinwegschmolz. Es blieb jetzt nur noch der Unterschied zwischen erster und zweiter Geige bestehen, und auch dieser war bei Bachs Doppelkonzert, das beiden Stimmen die gleichen Aufgaben stellt, bedeutungslos. Wir komplimentierten also – Herrgott in deinem

Reich! – hin und her, wer die erste Geige nehmen sollte, wer die zweite, bis die Schwester am Klavier uns die Stimmen aus der Hand nahm, sie hinter dem Rücken verbarg und uns losen ließ. Mich traf die zweite Geige, wie es sich anstandshalber gebührte; andrerseits hatte ich gerade die zweite Stimme nicht geübt, deren Soli, soviel ich mich erinnerte, gleich im ersten Satz schlecht lagen. Ich blätterte nach. Richtig: gleich nach D kam so eine lästige Stelle, die man in der zweiten Lage nehmen mußte, in der ich nie recht zu Hause war. Mir wurde etwas bänglich zumute. Ich wies darauf hin, daß ich gerade den zweiten Part nie gespielt hätte, auch mache mir die zwar zweifellos herrliche, aber doch ungewohnte Bartl sicher zu schaffen. Auch das gnädige Fräulein am Klavier meldete an, daß sie den Orchesterpart nur andeuten könne; wir müßten selbstverständlich die Tutti mitspielen; sie sei ja eigentlich Sängerin, nicht Pianistin, und was derlei Vorentschuldigungen mehr waren.

Nur Pianoforte sagte gar nichts mehr, was den kundigen, seiner Sache sicheren Musiker beweist, setzte den altmodischen schwarzgerandeten Zwicker auf, stimmte laut und ausführlich, nahm Haltung an und zählte vorsorglich und fürs erstemal einen Takt voraus.

Der bewegte Forte-Einsatz erleichterte mir das Anfangen; man hat da gar keine Zeit mehr, ängstlich zu sein. Ich konnte daher dem folgenden Einsatz Pianofortes genügende Aufmerksamkeit widmen.

Man ist ja bei einem ersten musikalischen Zusammentreffen immer sehr begierig zu erfahren, wie der Partner spielt und welchen Rang man ihm zubilligen muß. Welchen Rang hatte diese erste Geige? Den Rang treuester Bemühung auf jeden Fall. Pianoforte brachte jeden Ton streng rhythmisch und ziemlich rein. Technisch war er mir, jedenfalls was dieses Konzert anbetraf, zweifellos über. Meine Stelle bei D beispielsweise ließ sehr zu wünschen übrig, während die seine tadellos herauskam. Nun ja, er hatte sie geübt, und zumal wenn man beständig Skalen übt, dann muß so ein Konzert schließlich sitzen; mit Brahms verglichen, war es ja geradezu kinderleicht. Und doch fehlte mir etwas an Pianofortes Vortrag, ein Etwas, von dem ich mir natürlich einbildete, daß ich es besäße: Seele, Innerlichkeit. Vielleicht sagt man auch nur Innerlichkeit, weil das edler klingt, und meint eigentlich Sinnlichkeit, einen Vortrag also, der einem warm macht.

Beim zweiten Satz wurde das noch deutlicher. Zwar bildete ich mir nicht ein, den großen Atemzug zu besitzen, der zu diesem herrlichen Satz gehört, den Atemzug des Bogens nämlich, aber es gelangen mir doch wenigstens hie und da warme, leuchtende Passagen, so daß die Schwester am Klavier den Kopf wandte und mir beifällig zunickte. Sie besaß diese Wärme, die ich suchte und bei Pianoforte vermißte, selber in hohem Maße, so daß es mir manchmal erschien, als duettierte ich mehr mit ihr, als mit der ersten Geige, die da so korrekt ihren Part strich, ja, mitunter sogar kratzte. Dafür glänzte sie wieder im Schlußsatz, in dem ich mehrmals wacker daneben griff. Alles in allem konnten wir uns zum guten Ende einbilden, Bach in Treuen gedient zu haben. Jeder von uns hatte das Werk auf seine Weise bewältigt und dabei doch dem Ganzen Genüge getan. Wir hatten einander nichts vorzuwerfen; jeder konnte sich dabei insgeheim irgendeiner kleinen Überlegenheit schmeicheln; und so beseligte uns das wohlige Bewußtsein gemeinsam genossener musikalischer Freuden. Nur wer die Musik in der Freude erlebt, sagte die Schwester, weiß, wo Gott wohnt.

Pianoforte nahm feierlich Geige und Bogen in die Linke und legte mir die Rechte auf die Schulter.

«Wenn ich nicht Ihr Lehrer wäre, in Dreiteufelsnamen», er runzelte die Nase und ließ den Zwicker am Schnürchen herabgleiten, «und wenn ich nicht so alt wäre, als ich gar nicht bin, würde ich Sie jetzt meinen Freund nennen. Betrachten Sie sich jedoch als musikalisch geduzt!»

O denkwürdiger Augenblick! Pianoforte sah mich offenbar hinfort auch im Englischen als geduzt an und gab mir die wohlwollendsten Zensu-

ren, auch wo ich sie in Wahrheit nicht verdient
hätte. Ich hinwiederum sah ihn nur noch im Glanz
seiner Geigen und seiner warmen Liebe zur Musik, obwohl in seinem Spiel von dieser Wärme in
Wahrheit wenig zu spüren war. – Aber was ist
Wahrheit?

HONORÉ DE BALZAC

Der Tee in Frauenhänden

Valerie brachte Steinbock eigenhändig eine Tasse
Tee. Das war mehr als eine Auszeichnung, das war
eine Gunst! In der Art, wie eine Frau dieser Haus-
frauenpflicht nachkommt, liegt eine ganze Welt,
und die Frauen wissen das sehr wohl. Daher ist es
auch ein interessantes Studium, dabei ihre Bewegungen, ihre Gesten, ihre Blicke, ihre Sprache zu
beobachten.

Von der in kaltem Tone ausgesprochenen Frage:
«Nehmen Sie Tee?» – «Wünschen Sie Tee?» – «Eine Tasse Tee?» bis zu dem gewaltigen Gedicht der
vom Teetisch kommenden Odaliske, die dem Pa-
scha ihres Herzens mit unterwürfiger Miene und
zärtlich zitternder Stimme, mit Blicken voll wollü-
stiger Versprechungen eine Tasse anbietet – aus

dieser Skala der Nuancen im Benehmen könnte ein geschickter Psychologe alle Empfindungen des Weibes herausanalysieren, vom Widerwillen und der Gleichgültigkeit bis hin zu den Gefühlen der dem Hippolyt ihre Liebe erklärenden Phädra.

Die Frauen können sich dabei ganz nach ihrem Willen geben: geringschätzig bis zur Beleidigung oder demütig bis ins Sklavenhafte des Orients.

JOSEPH ROTH

Verleger-Tee

Die Berliner Verleger sind durch den Herrn Johann O. Trebicz auf die gute Idee gebracht worden, sogenannte «Verleger-Tees» zu arrangieren, bei denen das Publikum – Kaffee trinkt und zu denen die Presse eingeladen ist. Die Autoren dieses oder jenes Verlages lesen aus ihren Werken vor. In der Pause kann man Bücher kaufen, die im Vorraum ausgestellt sind. So lernt der Leser den Autor persönlich kennen, der Kritiker beide. Es ist eine glückliche «propagandistische» Idee.

Ich war beim letzten «Verleger-Tee» des Verlags «Die Schmiede», hörte Albert Daudistel ein starkes Romankapitel vorlesen, Walter Hasenclever,

Rudolf Leonhard, Leo Matthias, Alfred Wolfenstein und ein Kapitel aus einer Erzählung von Ernst Weiß. Ein Schriftsteller, der neben mir saß, zitierte Karl Kraus: «Ein Autor, der liest, ist wie ein Kellner, der ißt.» Es war ein glückliches Zitat, in einem Augenblick ausgesprochen, in dem die Kellner servierten, während die Dichter lasen.

Denn so ist es in Berlin, wo fast jede Kulturveranstaltung von dem Nebenzweck gestört wird, der mit ihr verbunden ist. Ein «Verleger-Tee» findet zum Beispiel in dem Kabarett «Die Gondel» statt, der Eintritt ist frei, und der Gastwirt muß verdienen. Das sind Zusammenhänge, die man ohne Erläuterung nicht versteht: würde man Eintrittspreise verlangen, so würde sich kaum ein Drittel derjenigen für den «Verleger-Tee» interessieren, denen bei freiem Eintritt ein Interesse für die Literatur passiert. Vom Inhaber eines literarischen Kabaretts kann man selbstverständlich kein Verständnis für die prekäre Lage der Literatur erwarten. Er stellt den Raum umsonst zur Verfügung. Dafür räumen ihm die Veranstalter das Recht ein, sämtliche Besucher zum Kaffeetrinken zu *zwingen*. Und so geschieht es. Aus Angst, ein paar Besucher könnten dem Kaffee entgehen, beeilen sich nervös beflissene Kellner, mit Tassen und Besteck zu klirren, während der arme Autor auf dem Podium liest. Der Saal ist voll, ein paar Glückliche haben keinen Tisch mehr gefunden, und da man ihnen keine Kaffeetasse in die Hand drücken kann, entgehen sie zwar dem Genuß, den Autor zu hören, aber auch dem Unglück, Kaffee trinken zu müssen. Solange die ersten drei Autoren lesen, wird geklirrt. Während die letzten drei lesen, wird kassiert. Und man begreift, daß die Angst um das Geld stärker ist und zu dringlicheren Störungen Anlaß gibt als die Furcht um ein paar entwischende Nicht-Trinker. Ich warne jeden, der in Berlin einen «Verleger-Tee» besucht, aus der Qualität des obligaten Kaffees, den er ja einnimmt, auf die des Autors zu schließen, den er selbst *nicht* genießen kann. Der Kaffee ist schlecht und *muß* mit Kuchen eingenommen werden. Das kostet *zwei Mark und fünfundsiebzig Pfennig*. Man muß Gott danken, daß man nicht Sekt eingeflößt bekommt.

So wird die gute Idee barbarisch ausgeführt. Der Kaffeesieder profitiert. Der Dichter, trunken von seinem eigenen Wort, wie es sich für Dichter gehört, kommt niemals auf die Idee, den Kellner sprechen zu lassen und zu verstummen, wo die höheren Interessen des Gastwirts zum Ausbruch drängen. In der Atmosphäre dieser *verdienenden* Stadt, in der Luft des «Noch und Noch» wird fast jede geistige Veranstaltung zum «Klamauk».

HEINRICH EDUARD JACOB

Literarische Teerunden um 1800

Zur napoleonischen Zeit war Preußen – Englands geheimer Freund und bald auch Rußlands Alliierter – natürlich ungemein teefreundlich.

Mit der politischen Sympathie ging die kulturelle mit. Die kugelförmige Teekanne, in welcher der Dampf sich schnell kondensierte und wieder Tropfen und Teewasser wurde, war kurz vor dem Jahre 1800 das Symbol der schönen Geister geworden. Zwei Frauen, Henriette Herz und die kleine Rahel Levin, hatte ein sehnendes Verlangen zu jener Welt hinüber geführt, deren Alleinherrscher Goethe hieß. Berlinisch-jüdisches Sentiment öffnete dem zwar berühmten, aber wenig gelesenen Dichter um 1800 die Herzen der Stadt. Merkwürdige Sendung des goldroten Tees! Im Gesang seiner Wellen hören die Anbeterinnen goethische Verse. Der Widerschein des Goethe'schen Seins (manchmal reist eine der Schwärmerinnen im Sommer nach Karlsbad und sieht ihn selbst) fällt hier in wohlbereitete Seelen. Henriette Herz war die schönste Frau um die Berliner Jahrhundertwende. Mit dunklen Augen, weißer Stirn, die Freundin Humboldts und Schleiermachers; den Fragen der Seele und des Geistes mit großer Innigkeit zugewandt. Bedeutender war Rahel Levin, Varnhagens unscheinbare Gattin. «Ja, ein liebevolles Mädchen», wurde sie von Goethe genannt, «stark in ihren Empfindungen und doch leicht in der Äußerung! Jenes gibt ihr hohe Bedeutung, dieses macht sie angenehm; jenes macht, daß wir an ihr die Originalität bewundern und dieses, daß diese Eigenschaft uns liebenswürdig so sehr gefällt...» In Rahels einfachem Mansardenzimmer (sie war noch unverheiratet damals), im Stübchen ihres Elternhauses Jägerstraße 55, trafen sich alle Gesellschaftsklassen, trafen sich Maler, Schauspieler, fremde und heimische Diplomaten, Prinz Louis Ferdinand von Preußen und seine Geliebte Pauline Wiesel – eine zu Zeiten Friedrichs des Großen nie erlaubte Vereinigung, Vermengung, Befruchtung der geistigen Schichten fand in jenen Tagen statt.

Den zweiten, vornehmeren Salon Rahels in ihren späteren Jahren beschreiben Varnhagens Denkwürdigkeiten: «Die hellblauen Zimmer waren geräumig, mit freier Aussicht die gerade Straße hinauf, rückwärts auf hohe Gartenbäume, ganz einfach ohne Kostbarkeit. Ein paar Bildnisse hingen an der Wand, zwei Büsten, Prinz Louis Ferdinand und Schleiermacher, standen zwischen Blumentöpfen, von Gerät schien nur das Notwendigste vorhanden, aber das Ganze machte dennoch einen eleganten Eindruck, oder vielmehr die Anordnung war so gefällig und bequem, daß sie jenes Behagen hervorrief, das durch die höchste Eleganz bewirkt werden soll und bei den größten Mitteln doch so oft verfehlt wird. Auf dem Fortepiano lagen einige Bücher: ein Band von Saint-Martin und die Gedichte Uhlands, ein französischer Roman und Fichtes Staatslehre ruhten friedlich beisammen. Durch eine Neuigkeit kam das Gespräch auf Politik, und nun entstand ein heißer Kampf über den gefährlichen Vorwurf, ob ein Fürst den Eid halten müsse, den er seinem Volke geleistet. Der lebhaft rasche Disput war wie ein improvisiertes Schauspiel, nur einige Male warf Frau von Varnhagen leichte Zwischenworte hinein, um das Gespräch in gutem Gange zu erhalten. Sie klärte die schwülen Lüfte durch rasche Blitze eines leichten Humors, der ihr so eigen war und dessen Überraschendes ich nicht besser bezeichnen kann, als daß ich es einen angenehmen Schreck nenne, aus Staunen und Behagen gemischt...»

Uhland, der helle und warme Schwabe, der als Gesandter des Süddeutschtums hier auf Rahel Varnhagens Klavier liegt und mitschwingt, wenn die Tasten sprechen – Uhland hatte selbst dem Tee ein merkwürdiges Gedicht gewidmet. Er hatte – zur Zeit der Festlandssperre! – den aus Rußland gekommenen Tee wahrscheinlich in Tübingen kennengelernt, wo die Frau des Professors Schrader «die poesiereichen jungen Männer um ihren

Teetisch versammelte». Am 15. März 1811
schreibt Ludwig Uhland sein Teelied nieder:

> Ihr Saiten, tönet sanft und leise,
> vom leichten Finger kaum geregt!
> Ihr tönet zu des Zärtsten Preise,
> des Zärtsten, was die Erde hegt.
>
> In Indiens mythischem Gebiete,
> wo Frühling ewig sich erneut,
> O Thee, du selber eine Mythe,
> verlebst du deine Blütenzeit.
>
> Nur zarte Bienenlippen schlürfen
> aus deinen Kelchen Honig ein,
> Nur bunte Wundervögel dürfen
> die Sänger deines Ruhmes sein.
>
> Wenn Liebende zum stillen Feste
> in deine duft'gen Schatten fliehn,
> Dann rührest leise du die Äste
> und streuest Blüten auf sie hin.
>
> So wächsest Du am Heimatstrande,
> vom reinsten Sonnenlicht genährt.
> Noch hier in diesem fernen Lande
> ist uns dein zarter Sinn bewährt.

Denn nur die holden Frauen halten
Dich in der mütterlichen Hut;
Man sieht sie mit dem Kruge walten
wie Nymphen an der heil'gen Flut.

Den Männern will es schwer gelingen,
zu fühlen deine tiefe Kraft;
Nur zarte Frauenlippen dringen
in deines Zaubers Eigenschaft.

Ich selbst, der Sänger, der dich feiert,
erfuhr noch deine Wunder nicht;
Doch, was der Frauen Mund beteuert,
ist mir zu glauben heil'ge Pflicht.

Ihr aber möget sanft verklingen,
ihr, meine Saiten kaum geregt!
Nur Frauen können würdig singen
das Zärtste, was die Erde hegt.

Wie merkwürdig, so dies Gedicht zu schließen!
Gleichsam auf der Kuppe des Hymnus bricht hier
die Teeverehrung ab. Der Tee scheint «ein Getränk für Frauen».

So blätterten dem indischen Tee die besten sei-
ner Verehrer ab. Der größte Dichter unter den
Jungen schreibt schon 1811 eine bedeutsame
Schilderung gegen die «ästhetischen Tees». Es ist
Joseph von Eichendorff in seinem Roman «Ah-

nung und Gegenwart». Hier gerät der junge Graf Friedrich in eine hauptstädtische Gesellschaft, wo man zunächst auf romantische Art allegorische Tableaus stellt. «Die Damen, welche sämtlich sehr ästhetische Mienen machten, setzten sich, nebst mehreren Herren, unter dem Vorsitz der Frau vom Hause, die mit voller Grazie den Tee einzuschenken wußte, förmlich in Schlachtordnung und fingen an, von Ohrenschmäusen zu reden. Friedrich erstaunte, wie diese Weiber geläufig mit den neuesten Erscheinungen der Literatur umzuspringen wußten, von denen er selber manche kaum dem Namen nach kannte; wie leicht sie mit Namen herumwarfen, die er nie ohne heilige, tiefe Ehrfurcht auszusprechen gewohnt war.» Nunmehr betritt ein Dichter den Kreis: «Der Begeisterte ließ sich nicht lange bitten, etwas von seinen Poesien mitzuteilen. Er las eine lange Dithyrambe von Gott, Himmel, Hölle, Erde und dem Karfunkelstein mit angestrengtester Heftigkeit vor und schloß mit solchem Schrei und Nachdruck, daß er ganz blau im Gesichte wurde. Die Damen waren ganz außer sich über die heroische Kraft des Gedichtes sowie des Vortrages. Er las noch einen Haufen Sonette mit einer Art von priesterlicher Feierlichkeit. Keinem derselben fehlte es an einem wirklich aufrichtigen kleinen Gefühlchen, an großen Ausdrücken und lieblichen Bildern. Alle hatten einen einzigen, bis ins Unendliche breit auseinander geschlagenen Gedanken, sie bezogen sich alle auf den Beruf des Dichters und die Göttlichkeit der Poesie, aber die Poesie selber, das ursprüngliche, freie, tüchtige Leben, das uns ergreift, ehe wir darüber sprechen, kam nicht zum Vorschein vor lauter Komplimenten davor und Anstalten dazu. Friedrich kamen diese Poesierer in ihrer durchaus polierten, glänzenden, wohlerzogenen Weichlichkeit wie der fade, unerquickliche Teedampf, und die zierliche Teekanne mit ihrem lodernden Spiritus auf dem Tische wie der Opferaltar dieser Musen vor.»

Wir ersehen aus dieser Schilderung, wie sich durch den Teegenuß eine «falsche Leichtigkeit» der schwersten und heiligsten Dinge des Daseins spielerisch bemächtigte. Gott, das Gedicht, das Leben, die Liebe wurden wie falsche Gewichte gestemmt. Nicht gegen Rahels Anfänge – und überhaupt nicht gegen sie – waren Eichendorffs Worte gerichtet; nur gegen das Ausbreiten und Grassieren der literarischen Tee-Seuche wandte sich der junge Dichter mit soziologisch sicherem Blick: es waren jene aesthetischen Kreise, die den Grafen Otto von Löben (er ist der Held dieser Schilderung) zu einem großen Dichter aufblähten – jenen selben Grafen Löben, dem Uhland in einem tiefsinnigen Brief die wichtige Warnung zukommen ließ, man solle im Deutschen mit dem Gebrauch südlicher Formen maßhalten. «Denn was im Süden Blume ist, erstarrt bei uns leicht zum Juwel.»

Auch Rahels Bruder, Robert Levin, verspottete damals in einem Gedicht die dünne, leere Geselligkeit und die Mode der Teeabende:

Blumen und Kerzen, Spiegel und Lichter,
Geschmierte Herzen, bewachte Gesichter.
Dort Federn und Spitzen und türkische Shawle:
Die Damen, sie sitzen zum Kreise im Saale.
Und ferne stehen die Söhne, die Gatten,
Schwarz wie die Krähen mit weißen Krawatten.
Ein laulich Gebräue mit Zucker und Sahne,
Und immer aufs Neue: die schwache Tisane!
Und Kuchen und Backwerk und Backwerk und Torte;
Man öffnet zum Hackwerk das Pianoforte.
Nun trillern und stümpern die Virtuosen.
Die Tassen klimpern, die Diener tosen.
Es flüstern und zischen die Frauen unersättlich
Und rufen dazwischen: Ah, bravo, wie göttlich!–
Es werden die Zimmer stets heißer und enger
Und immer und immer die Weile länger ...

DOROTHY PARKER

Der letzte Tee

Der junge Mann im schokoladebraunen Anzug
setzte sich an den Tisch, an dem das Mädchen mit
der künstlichen Kamelie im Haar schon seit vierzig Minuten gewartet hatte.

«Tut mir leid, daß ich dich hab warten lassen»,
sagte er. «Mir scheint, ich komme sehr spät.»

«Aber keine Spur», erwiderte sie. «Ich bin
selbst grad erst gekommen. Ich hab nur schon bestellt, weil ich einfach verdurste nach einer Tasse
Tee. Ich bin knapp eine Minute da.»

«Das ist gescheit», sagte er. «He, he, nicht so
viel Zucker – ein Stück ist mehr als genug. Und
stell, ums Himmels willen, den Kuchen weg.
Gräßlich! Gott, ist mir schlecht!»

«Ach, dir ist schlecht?» fragte sie. «Was ist denn
los?»

«Ich bin fertig», antwortete er. «Mit mir ist's
aus.»

«Ach, der arme Junge», sagte sie. «Fühlt sich so
elend? Und ist trotzdem hergekommen, mich zu
treffen? Hätte er wirklich nicht tun sollen – ich
hätt's schon verstanden. Kommt dahergelaufen,
obwohl ihm so elend ist!»

«Oh, das macht nichts», sagte er. «Ob ich hier

bin oder woanders, ist schon egal. Ein Ort ist so gut wie der andere, wenn einem so miserabel ist wie mir. Ich bin fertig.»

«Das ist ja schrecklich», sagte sie. «Armer, kranker Junge. Hoffentlich ist's keine Grippe. Es gibt sehr viel Grippefälle momentan.»

«Grippe», wiederholte er. «Ich wollte, es wär nur eine Grippe. Ich bin vergiftet. Mit mir ist's aus. Weißt du, wann ich ins Bett gekommen bin? Zwanzig Minuten nach fünf. Das war eine Nacht!»

«Ich hab gedacht», erklärte sie, «daß du lang im Büro bleiben wolltest gestern abend. Du hast doch gesagt, daß du die ganze Woche jede Nacht durcharbeiten mußt.»

«Ja, ich weiß», gab er zu. «Aber auf einmal hab ich's nicht mehr ausgehalten an dem verdammten Pult. Da bin ich zu May gegangen – sie hat eine Party gegeben. Übrigens war jemand dort, der dich kennt.»

«Wirklich?» fragte sie. «Ein Mann oder eine Frau?»

«Eine Frau», antwortete er. «Carol McCall. Wieso hast du mir noch nie von ihr erzählt? Das ist ein Mädel! Prachtvoll!»

«Tatsächlich?» fragte sie. «Komisch – ich kenne niemanden, der das von ihr gesagt hat. Ich kenne Leute, die sagen, daß sie ganz nett aussehen würde, wenn sie nicht so hergerichtet wäre. Aber ich hab noch nie gehört, daß jemand sie hübsch findet.»

«Das glaub ich, daß man sie hübsch findet», sagte er. «Was die für Augen hat!»

«So?» fragte sie. «Sie sind mir noch nie aufgefallen. Ich hab sie allerdings schon sehr lange nicht gesehen – Leute ändern sich manchmal.»

«Sie erzählt, daß sie mit dir in der Schule war», sagte er.

«Ja, wir waren in der gleichen Schule», erwiderte sie. «Aber sie ist viel älter als ich. Sie war drei oder vier Klassen über mir.»

«Sie ist drei oder vier Klassen über allen», sagte er. «Wie sie tanzt! Wie sie steppt! ‹Verbrenn deine Kleider, Baby›, hab ich ihr immerfort gesagt. Ich muß nicht schlecht betrunken gewesen sein.»

«Ich war auch aus gestern abend», erzählte sie. «Mit Wally Dillon. Er hat schrecklich drauf gedrängt, mit mir auszugehen. Er tanzt herrlich. Ich habe keine Ahnung, wann ich nach Hause gekommen bin. Ich muß furchtbar ausschauen, nicht?»

«Nein, du schaust ganz gut aus», stellte er fest.

«Wally ist verrückt», sagte sie. «Was er für Sachen sagt. Aus irgendeinem verrückten Grund hat er sich in den Kopf gesetzt, daß ich wundervolle Augen habe, und hat so lang davon gesprochen, daß ich nicht mehr gewußt hab, wo ich hinschauen soll. Ich bin so rot geworden, daß ich glaubte, jeder Mensch im ganzen Lokal schaue mich an.

Ich war rot wie ein Ziegelstein. Wundervolle Augen! Ist er nicht verrückt?»

«Er hat recht», bestätigte er. «Du, die kleine McCall hat mir erzählt, daß sie einen Haufen Angebote für den Film hat. ‹Warum gehen Sie nicht?› hab ich gefragt. Aber sie sagt, daß sie keine Lust hat.»

«Im Sommer vor zwei Jahren in dem Ort an dem See war ein Mann, ein Direktor oder so was von einer großen Film-Gesellschaft – mit riesigem Einfluß – der hat nicht aufgehört mir einzureden, daß ich zum Film gehe. Er hat gesagt, ich sei genau der Typ von der Garbo. Ich hab ihn nur ausgelacht. Zu komisch, was?»

«Sie hat eine Million Angebote», sprach er weiter. «‹Gehen Sie doch›, hab ich gesagt. Sie wird direkt mit Angeboten verfolgt.»

«Wirklich?» fragte sie. «Ach, was ich dich fragen wollte, grad fällt's mir ein. Hast du mich heute nacht zufällig angerufen?»

«Ich?» sagte er. «Nein.»

«Mutter sagte, wie ich weg war, hat immerfort ein Mann angerufen», erklärte sie. «Ich hab geglaubt, daß du's warst. Wer kann das bloß gewesen sein? Oh – ich glaube, ich weiß jetzt, wer es war. Ja, der war's bestimmt!»

«Nein, ich hab nicht angerufen», widersprach er. «Ich glaube, ich hätte heute nacht kein Telephon erkannt. Was ich für einen Schädel gehabt hab, heute früh! Ich habe Carol angerufen gegen zehn, sie hat gesagt, sie fühlt sich großartig. Was *die* verträgt!»

«Das ist ganz komisch mit mir», sagte sie. «Es macht mich direkt krank, wenn ich sehe, daß ein Mädel trinkt. Bei einem Mann ist es mir nicht so arg, aber wenn ich sehe, daß ein Mädel betrunken ist, wird mir ganz schlecht. Ich kann einfach nichts dagegen tun.

«*Wie* die trinkt!» fuhr er fort. «Und fühlt sich großartig am nächsten Tag. Das ist ein Mädel! He, was machst du da? Ich mag keinen Tee mehr – ich kann Tee nicht ausstehen. Mir wird direkt übel in so einem Tearoom. Schau dir diese alten Weiber an! Schon davon kann einem übel werden.»

«Wenn du mit was-weiß-ich für Leuten lieber wo bist, wo man saufen kann, so kann ich nichts dagegen tun», sagte sie. «Es gibt genug Leute, die glücklich sind, wenn sie mich zum Tee ausführen dürfen. Ich weiß nicht, wie viele Leute mich ununterbrochen anrufen und plagen, daß ich mit ihnen Tee trinken gehe. Hunderte!»

«Schon gut, schon gut, ich bin ja hier. Oder vielleicht nicht?» sagte er. «Spiel dich nicht so auf.»

«Du ahnst gar nicht, wen ich dir alles aufzählen könnte», prahlte sie.

«Aber ja», lenkte er ein. «Gib schon Ruh.»

«Es geht mich ja nichts an, was du machst»,

sagte sie. «Aber ich sehe nicht ein, warum du deine Zeit mit Leuten vertust, an denen wirklich nichts dran ist.»

«Du brauchst dir wegen mir nicht den Kopf zu zerbrechen», sprach er weiter. «Ich weiß schon selber, was ich zu tun habe.»

«Ich kann einfach nicht mit ansehen, wie du deine Zeit vergeudest», erwiderte sie. «Nächtelang trinken und am nächsten Tag elend sein. Ach, ich schimpfe da und vergesse, daß ihm so elend ist. Armer Junge! Geht's ihm besser jetzt?»

«Ja, ja, mir geht's ausgezeichnet», bestätigte er. «Möchtest du noch irgendwas? Oder wollen wir zahlen? Ich muß vor sechs noch jemanden anrufen.»

«Ach so», sagte sie. «Carol vielleicht?»

«Sie hat gesagt, daß sie vor sechs vielleicht zu Hause ist», erklärte er.

«Siehst du sie heut abend?» fragte sie.

«Sie wird mir's sagen, wenn ich anrufe», antwortete er. «Sie hat natürlich tausend Verabredungen. Warum?»

«Ach, es hat mich nur interessiert», sagte sie. «Lieber Gott, ich muß davonstürzen! Ich esse mit Wally, und er ist so verrückt, wahrscheinlich wartet er schon. Er hat heute vielleicht hundertmal angerufen.»

«Wart, bis ich bezahlt habe», bat er. «Ich setz dich dann in deinen Bus.»

«Ist gar nicht notwendig», meinte sie. «Er hält ja drüben an der Ecke. Ich muß fliegen. Bleib doch und ruf Carol gleich von hier aus an.»

«Das ist eine Idee», sagte er. «Kannst du wirklich allein gehen?»

«Natürlich», bestätigte sie. Eifrig nahm sie ihre Handschuhe und ihre Tasche und stand auf. Nicht ganz sicher auf den Beinen, stand er neben ihr.

«Wann seh ich dich wieder?» fragte sie.

«Ich ruf dich an», sagte er. «Ich bin schrecklich angehängt im Büro und überhaupt. Aber ich ruf dich an, wenn ich ein bissel Luft hab.»

«Ich hab auch nichts als Verabredungen», erklärte sie. «Es ist schrecklich. Ich weiß nicht, wann ich die erste freie Minute habe. Also, du rufst an? Bestimmt?»

«Natürlich», antwortete er. «Gib acht auf dich.»

«Du auch», sagte sie. «Hoffentlich bist du bald wieder gesund.»

«Oh, mir geht's jetzt schon ganz gut», stellte er fest. «Ich fang grad an, wieder aufzuleben.»

«Laß mich wissen, wie's dir geht», bat sie. «Bestimmt? Adieu, also. Und gute Unterhaltung heute abend!»

«Danke», sagte er. «Unterhalte dich auch gut.»

«Oh bestimmt», erwiderte sie. «Aber jetzt muß ich wirklich weg. Oh, ich hab fast vergessen: dank dir tausendmal für den Tee. Es war himmlisch.»

«Übertreib nicht», sagte er.

«Es war wirklich himmlisch. Du vergißt nicht, mich anzurufen, nicht wahr? Bestimmt nicht? Leb wohl also.»

«Adieu.»

Und sie lief den schmalen Weg zwischen den blaugestrichenen Eisentischen hinunter.

T. S. ELIOT

Jetzt da der Flieder blüht
Hat sie in ihrer Vase Flieder stehn
Und zwirbelt einen Zweig in ihren Fingern, da
sie spricht.
«Ach, Freund, du weißt ja nicht, du weißt ja
nicht
Was Leben ist, obwohl dus in Händen hältst»;
(Sie zwirbelt sachte ihren Flieder)
«Du läßt es dir entgleiten, ja entgleiten,
Die Jugend ist so grausam und kennt keine
Reue
Und lächelt über Dinge, die sie nicht begreift.»
Ich lächle, klar,
Und trinke weiter Tee.

QUELLENNACHWEIS

An dieser Stelle danken wir den Autoren und Ver-
lagen, die uns freundlicherweise den Nachdruck
folgender Beiträge gestatteten: C. H. Beck'sche
Verlagsbuchhandlung, München: *Heimito von
Doderer · Die Einschüchterung* (aus: «Die Erzäh-
lungen», Biederstein Verlag, München, 1972);
Fischer Taschenbuch Verlag GmbH, Frankfurt
a. M.: *Curt Maronde · Die Ostfriesen und ihr Nationalgetränk* und *Rund um den Samowar* (aus:
«Rund um den Tee», 1973); Carl Hanser Verlag,
München: *Ernst Heimeran · Der Pianoforte* (aus:
»Lehrer, die wir hatten«, 1954); Humanitas Ver-
lag, Zürich: *Dorothy Parker · Der letzte Tee* (aus:
«Kurzgeschichten», 1947); Verlag Kiepenheuer &
Witsch, Köln: *Heinrich Böll · Ankunft in Irland*
(aus: «Irisches Tagebuch», 1957), *Heinrich Böll ·
Mit oder ohne?* (aus: «Zum Tee bei Dr. Borsig»,
1964) und *Katherine Mansfield · Eine Tasse Tee*
(aus: Sämtliche Erzählungen, Bd. 2, 1980); Verlag
Allert de Lange, Amsterdam, und Kiepenheuer &
Witsch, Köln: *Joseph Roth · Verleger-Tee* (aus:
«Werke» in vier Bänden, Bd. 4, 1975/76); dem Autor: *Hans Leip · Teelegenden – Berühmte Teelieb-
haber – Teekränzchen* (aus: «Sukiya oder Die große

Liebe zum Tee», 1966); Hermann Luchterhand Verlag, Darmstadt und Neuwied: *Jens Rehn · Der Zuckerfresser* (aus: «Nach Jan Mayen», 1981); Rowohlt Verlag, Reinbek: *Heinrich Eduard Jacob · Literarische Teerunden um 1800* (aus: «Sage und Siegeszug des Kaffees», 1934); Suhrkamp Verlag, Frankfurt: *T. S. Eliot · Jetzt da der Flieder blüht* (aus: Gesammelte Gedichte 1909 bis 1962, «Bildnis einer Dame», 1972); Scherz Verlag, Bern und München: *-sten · Kommen Sie zum Tee?* (aus: Friedel Strauss/Hanns U. Christen «Freut Euch auf Gäste», 1962) und *Horst Hammitzsch · Tee-Wettstreite in Japan – Der Tee in Japan – Mein erster Tee-Weg* (aus: «Zen in der Kunst der Teezeremonie», Otto Wilhelm Barth Verlag); Verlag Ullstein GmbH, Berlin: *Jerome K. Jerome · Die Tücken des Teekessels auf einem Boot* (aus: «Drei Mann in einem Boot»).

In jenen Fällen, in denen es nicht möglich war, den Rechtsinhaber resp. Rechtsnachfolger zu eruieren, konnte ausnahmsweise keine Nachdruckerlaubnis eingeholt werden. Honoraransprüche der Autoren oder ihrer Erben bleiben gewahrt.

KLEINE BETTLEKTÜRE
ALS AUFMERKSAMKEIT UND
HERZLICHES DANKESCHÖN FÜR

Dich, mein Herz · Dich, mein Schatz

meine liebe Frau · die werdende Mutter

meine liebe Mutter · vielgeplagte Mütter

Frauen mit Herz und Verstand · Frauen mit Charme

meinen lieben Mann · den besten aller Väter

die allerbeste Großmutter

den verständnisvollen Großvater

die beste aller Schwiegermütter

meinen lieben Schwiegersohn

meine liebe Schwägerin · meinen lieben Schwager

meine liebe Tante

meine liebe Schwester · meinen lieben Bruder

eine gute Freundin · einen guten Freund

Männer mit Phantasie und Tatkraft · kluge Köpfe

Strohwitwer

liebenswürdige Gastgeber

die sympathische Kollegin · den netten Kollegen

den klugen Juristen

den wahren Lebenskünstler · den Linkshänder

einen lieben Mitmenschen · nette Nachbarn